NEV

新能源汽车车身电控系统检修

迟晓妮　杨爱喜　单红艳　主编

化学工业出版社

·北京·

内容简介

《新能源汽车车身电控系统检修》是面向高职院校的一本实操类教材,依托"杭州职业技术学院文库"而编写。本教材专注于新能源汽车车身电控系统的检修与维护,以当前新能源汽车技术发展趋势为背景,系统地介绍了新能源汽车各个电控系统的基本原理、结构特点、故障诊断及维修方法。内容包括安全系统(安全气囊、风窗刮水器与洗涤装置、中控门锁)、舒适系统(自动空调、电动座椅、灯光)、便捷性系统(电动车窗与天窗、电动后视镜、喇叭)等的故障诊断与维修。全书内容系统全面,实用性强,容易理解。同时,本教材配备了课后习题、同步教学视频及课件,保障了教师在授课时、学生在学习时的便利性。

本书适合作为高职院校汽车专业的教材使用,也可供汽车维修人员及工程技术人员阅读学习。

图书在版编目(CIP)数据

新能源汽车车身电控系统检修 / 迟晓妮,杨爱喜,单红艳主编 . -- 北京:化学工业出版社,2024.6.
ISBN 978-7-122-45980-0

I. U469.707

中国国家版本馆 CIP 数据核字第 202484X58T 号

责任编辑:雷桐辉　　　　　　　装帧设计:王晓宇
责任校对:田睿涵

出版发行:化学工业出版社
　　　　　(北京市东城区青年湖南街13号　邮政编码100011)
印　　装:北京云浩印刷有限责任公司
710mm×1000mm　1/16　印张13　字数246千字
2025年1月北京第1版第1次印刷

购书咨询:010-64518888　　　　　售后服务:010-64518899
网　　址:http://www.cip.com.cn

凡购买本书,如有缺损质量问题,本社销售中心负责调换。

定　　价:59.80元　　　　　　　　　　　　　　　版权所有　违者必究

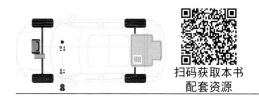

前言

目前，随着中国职业教育政策的不断完善和推进，新能源汽车行业已经成为国民经济的重要组成部分，因此，对培养高素质的新能源汽车技术人才提出了更高的要求。同时，国家倡导"1+X"证书融通制度，即将职业教育与现实工作需求结合，通过学习获得专业证书的同时，注重培养学生的实际技能和创新能力。

目前，全国市面上与新能源汽车车身电控技术检测维修完全配套的教材较少。本书融入了与吉利汽车集团三年深度沟通和工作开展以来提炼的典型模块和典型工作任务。同时，与集团技能大师实现校企联合开发，得到企业的深度认可。

本书由三个项目（九个任务）组成。新能源汽车安全系统的故障诊断，包括安全气囊系统故障诊断、风窗刮水器与洗涤装置故障诊断、中控门锁系统故障诊断；新能源汽车舒适系统的故障诊断，包括自动空调系统故障诊断、电动座椅系统检测与维护、灯光系统故障诊断；新能源汽车便捷性系统的故障诊断，包括电动车窗与天窗故障诊断、电动后视镜故障诊断、喇叭系统故障诊断。每个任务包括：任务引入、任务工单、博观约取、实践出真知、游刃有余、行业典范等内容，逻辑上鲜明体现了"导、探、练、评、测、拓"的教学改革特色，内容上涵盖了"1+X"职业技能等级标准中新能源汽车电控技术证书考核标准所要求的技能点。针对目前各高校汽车学院实训车型不统一的现状，本书实训部分以吉利几何 A Pro 为主，内容上尽可能兼顾比亚迪和吉利的其他几款车型。

本书内容着重实操任务，图文并茂，配以相关知识进行补充，均配置任务工单、习题及评分细则，实操任务部分可单独使用，每个实操任务均配置详细技能操作步骤，每个任务均融入相关思政元素。采用互联网+模式，读者可以用手机或其他移动设备扫描二维码来获取实践操作的微课视频，构建混合式教学。高清实操视频诠释汽车维修全过程，紧密衔接汽车售后维修企业真实案例。

本书配备了大量实训微课教学视频、课件、任务工单等资源，配有超星学习通"教学包"，可以实现在线授课。本书内容新颖全面、图文并茂、通俗易懂、易学好教，可作为职业院校汽车类专业的教学用书，也可作为汽车"1+X"技能考证用书及比赛训练用书，同时也可作为职业技能培训和相关专业人员的参考书，是"岗课赛证"综合育人教材。

本书由杭州职业技术学院迟晓妮、杨爱喜、单红艳担任主编，杭州职业技术学院张洪利、何俊杰任副主编，杭州职业技术学院邵立东担任主审。参与视频拍摄的还有杭州职业技术学院吉利汽车学院的任城、张黎涛、周江涵、马亿琦、郭贝乐等学生。在此，向参与编写的老师和学生表示感谢。

由于本书涉及内容较新，且编者水平有限，书中难免存在疏漏与不当之处，恳请广大读者批评指正，以便修订补充。

编者

目录

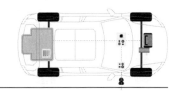

项目一　新能源汽车安全系统故障诊断　/001

任务一　汽车安全气囊系统的故障诊断　/002
　1.1　任务工单-检修汽车安全气囊系统　/004
　1.2　博观约取　/007
　　1.2.1　认识汽车安全气囊系统　/007
　　1.2.2　汽车安全气囊系统主要部件的结构与工作原理　/010
　　1.2.3　安全气囊系统故障诊断　/016
　1.3　实践出真知-检修安全气囊系统　/017
　1.4　游刃有余　/019
　1.5　行业典范　/020

任务二　汽车风窗刮水器与洗涤装置故障诊断　/022
　2.1　任务工单-检修风窗刮水器与洗涤装置　/024
　2.2　博观约取　/027
　　2.2.1　认识风窗刮水器与洗涤装置　/027
　　2.2.2　风窗刮水器与洗涤装置故障诊断分析　/034
　2.3　实践出真知-检修风窗刮水器与洗涤装置　/038
　2.4　游刃有余　/039
　2.5　行业典范　/040

任务三　汽车中控门锁系统的故障诊断与排除　/042
　3.1　任务工单-检修中控门锁系统　/044
　3.2　博观约取　/047
　　3.2.1　认识中控门锁系统　/047
　　3.2.2　中控门锁系统的工作原理　/048
　　3.2.3　中控门锁系统的故障诊断　/049
　3.3　实践出真知-检修汽车中控门锁系统　/052
　3.4　游刃有余　/054
　3.5　行业典范　/054

项目二　新能源汽车舒适系统故障诊断　　　　　　　　　　/056

任务四　汽车自动空调系统的故障诊断　　　　　　　　　/057

4.1　任务工单-检修空调系统　　　　　　　　　　　　/059
4.2　博观约取　　　　　　　　　　　　　　　　　　/062
4.2.1　认识新能源汽车空调系统　　　　　　　　/062
4.2.2　新能源汽车空调系统原理　　　　　　　　/063
4.2.3　制冷和暖风性能参数检测　　　　　　　　/065
4.2.4　空调系统故障诊断　　　　　　　　　　　/070
4.3　实践出真知-检修汽车空调系统　　　　　　　　　/073
4.3.1　案例一　　　　　　　　　　　　　　　　/073
4.3.2　案例二　　　　　　　　　　　　　　　　/076
4.3.3　案例三　　　　　　　　　　　　　　　　/079
4.4　游刃有余　　　　　　　　　　　　　　　　　　/082
4.5　行业典范　　　　　　　　　　　　　　　　　　/083

任务五　汽车电动座椅系统的检测与维护　　　　　　　　/085

5.1　任务工单-检修电动座椅系统　　　　　　　　　　/087
5.2　博观约取　　　　　　　　　　　　　　　　　　/090
5.2.1　座椅系统的作用与组成　　　　　　　　　/090
5.2.2　座椅系统的工作原理　　　　　　　　　　/094
5.2.3　座椅系统常见故障的诊断　　　　　　　　/097
5.3　实践出真知-检修汽车电动座椅系统　　　　　　　/101
5.4　游刃有余　　　　　　　　　　　　　　　　　　/103
5.5　行业典范　　　　　　　　　　　　　　　　　　/104

任务六　汽车灯光系统故障诊断　　　　　　　　　　　　/106

6.1　任务工单-检修灯光系统　　　　　　　　　　　　/108
6.2　博观约取　　　　　　　　　　　　　　　　　　/111
6.2.1　认识灯光系统　　　　　　　　　　　　　/111
6.2.2　灯光系统的工作原理　　　　　　　　　　/113
6.2.3　前照灯、尾灯常见故障的诊断　　　　　　/124
6.3　实践出真知-检修灯光系统　　　　　　　　　　　/142
6.4　游刃有余　　　　　　　　　　　　　　　　　　/145
6.5　行业典范　　　　　　　　　　　　　　　　　　/146

项目三　新能源汽车便捷性系统故障诊断　　/147

任务七　汽车电动车窗与天窗故障诊断　　/148

7.1　任务工单-检修电动车窗与天窗系统　　/150
7.2　博观约取　　/153
 7.2.1　认识电动车窗与天窗　　/153
 7.2.2　电动车窗与天窗系统的工作原理　　/154
 7.2.3　电动车窗与天窗系统常见故障的诊断　　/156
7.3　实践出真知-检修电动车窗与天窗系统　　/163
7.4　游刃有余　　/166
7.5　行业典范　　/166

任务八　汽车电动后视镜故障诊断　　/168

8.1　任务工单-检修电动后视镜　　/170
8.2　博观约取　　/173
 8.2.1　认识电动后视镜　　/173
 8.2.2　电动后视镜的组成及工作原理　　/175
 8.2.3　电动后视镜系统故障诊断　　/177
8.3　实践出真知-检修电动后视镜系统　　/182
8.4　游刃有余　　/184
8.5　行业典范　　/185

任务九　汽车喇叭系统故障诊断与排除　　/187

9.1　任务工单-检修喇叭系统　　/189
9.2　博观约取　　/192
 9.2.1　认识喇叭系统　　/192
 9.2.2　喇叭系统工作原理　　/192
 9.2.3　喇叭系统故障诊断　　/192
9.3　实践出真知-检修汽车喇叭系统　　/196
9.4　游刃有余　　/199
9.5　行业典范　　/199

参考文献　　/201

项目一　新能源汽车安全系统故障诊断

扫码获取本书
配套资源

任务一

汽车安全气囊系统的故障诊断

任务导读

安全气囊系统又称为辅助防护系统（supplemental restraint system），英文缩写为 SRS。安全气囊系统对驾驶员和乘员的头部、颈部安全起着明显的保护作用，特别是在汽车正面碰撞和侧前方碰撞时，其保护作用尤为明显，而座椅安全带对人体胸部以上的保护作用则十分有限。但是安全气囊系统是座椅安全带的辅助装置，只有在使用安全带的条件下，该系统才能充分发挥保护驾驶员和乘员的作用。公安部和交通运输部规定：自 1993 年 7 月 1 日起，所有轿车和中小客车在行驶过程中，驾驶人必须系上安全带。

本任务通过安全气囊的结构认识、原理介绍以及故障检修等任务，使学生能够掌握安全气囊系统的构造与常见故障维修。

任务引入

某日，一位吉利 4S 店的维修接待人员收到车主反映：他的吉利几何车行驶约 7 万公里，仪表上安全气囊的指示灯常亮无法熄灭。那么，你觉得他的安全气囊还能起到保护作用吗？该如何进行修复呢？知道这种情况可能的故障原因是什么吗？

知识目标

1. 了解汽车安全气囊的功用、类型及弹出过程。
2. 熟悉安全气囊系统的组成和工作原理。
3. 掌握安全气囊系统常见故障的诊断与排除方法。

技能目标

1. 能够指出安全气囊系统的各组成部分。
2. 能够检修安全气囊系统的常见故障。

素质目标

1. 坚持实事求是的专业精神,具备高度的责任感。
2. 弘扬不断进取、精益求精的工匠精神。
3. 增强团队协作和高效沟通能力。

1.1 任务工单-检修汽车安全气囊系统

1.1.1 团队协作

以 3~5 人为一组，选出组长并进行任务分工，将小组概况及分工情况填入表 1-1 中。

表 1-1 学生分组情况

班级：　　　　　组号：　　　　　指导老师：

小组成员	姓名	学号	任务分工
组长			
组员			

1.1.2 搜寻探索

在进行实际操作前，需要掌握安全气囊系统的相关知识。请各组组长组织组员收集相关资料，回答下列问题。

- 问题一：常见的安全气囊有哪些？

- 问题二：请描述安全气囊的工作过程？

- 问题三：安全气囊警告灯故障检修思路是什么？

1.1.3 任务筹划

在明确任务内容的情况下，根据实际情况，在表 1-2 中写出车辆信息及所需的工具、设备、资料。

表 1-2　车辆信息及所需的工具、设备、资料

车辆信息	车型	VIN 码	行驶里程
工具、设备、资料			

在进行实际操作前做好现场防护，并将现场防护措施填入表 1-3 中。

表 1-3　现场防护措施

个人防护	
设备安全防护（车辆或台架）	
场地安全防护	

1.1.4 稳步推进

在实训室，对一辆汽车上的安全气囊系统进行检查，找出故障点并排除，将整个操作步骤填入表 1-4 中。操作步骤应符合该车辆维修手册的规定。

表 1-4　操作步骤

序号	任务点	工作内容
1	进行工作准备与安全防护	
2	检查安全气囊系统	安全气囊指示灯是否常亮？　　　　　　　　　　　　是□否□
		安全气囊系统线束是否有损坏？ 　　　　是□(具体缘由：　　　　　　)否□
		碰撞传感器外观是否正常？　　　　　　　　　　　　是□否□
		气囊组件外观是否正常？　　　　　　　　　　　　　是□否□
3	故障诊断与排查	读取故障代码：
		万用表检测：
		确认故障点：
4	整理现场	

1.1.5 考核评价

各组展示任务完成情况,并配合指导教师完成如表 1-5 所示的考核评价表。

表 1-5 考核评价表

项目名称	评价内容	分值	评价分数		
			自评	互评	师评
职业素养 考核项目 40%	穿戴规范、整洁	6 分			
	安全意识、责任意识、服从意识强	6 分			
	积极参加教学活动,按时完成任务工单	10 分			
	团队合作、与人沟通能力	6 分			
	遵守劳动纪律	6 分			
	维修场地、设备等整洁	6 分			
专业能力 考核项目 60%	专业知识查找及时、准确	12 分			
	操作符合规范	18 分			
	操作熟练,工作效率高	12 分			
	任务完成度高	18 分			
合计		100 分			
总评	自评(20%)+互评(20%)+ 师评(60%)=_____	综合等级	指导老师:签名:_____		

1.1.6 收获分享

1.2 博观约取

1.2.1 认识汽车安全气囊系统

汽车的安全装置分为主动安全装置和被动安全装置两种。主动安全装置的功用是避免发生事故，被动安全装置的功用是减轻事故造成的伤害程度。目前，汽车上的被动安全装置主要有座椅安全带控制系统、座椅安全带、护膝垫、两节或三节式转向柱等。

(1) 汽车安全气囊系统的类型及特点

汽车安全气囊系统按控制方式不同，可分为机械式与电子式。目前，汽车采用的安全气囊系统普遍都是电子式安全气囊系统。安全气囊按其安装位置不同可分为驾驶员安全气囊、副驾驶员安全气囊、乘客侧面安全气囊、头部安全气囊、膝部安全气囊等。

(2) 汽车对安全气囊的要求

安全气囊是在汽车发生碰撞时才工作的安全装置，所以它的可靠性就显得尤为重要。也就是说，汽车在发生碰撞时，根据不同车速，须确定安全气囊能可靠工作。汽车在紧急制动或在高低不平的路面上行驶时，也会产生较大的减速度和剧烈的振动，这时要保证安全气囊不工作。此外，由于现代汽车安全气囊大多是电子控制式的安全气囊，这就要求安全气囊系统在汽车发生碰撞、电源出现故障的短时间(20s)内，应能够正常工作。因此，一般情况下，安全气囊系统采用双电源，在整车电源断电的情况下，安全气囊控制系统电路中的备用电源可引爆安全气囊。

在技术上，对安全气囊的要求主要有以下几个方面：

① 可靠性高。在汽车未发生碰撞事故的情况下，安全气囊的使用年限为7～15年。若在碰撞事故中安全气囊开启，则安全气囊系统要全套更换。

② 安全可靠。安全气囊系统要能正确区分制动减速度和碰撞减速度。

③ 灵敏度高。当汽车发生碰撞时，安全气囊系统要在二次碰撞（指驾驶员或乘客与转向盘、仪表板或风挡玻璃碰撞）前，正确、快速打开气囊，并能正确泄气起到缓冲作用。

④ 防误爆功能。安全气囊系统一般采用二级门限控制，减速度的控制门限要合理。过低时，安全气囊就会发生不必要的引爆；过高时，在汽车发生碰撞时，安全气囊会打不开或者打开过晚。

⑤ 自诊断功能。安全气囊系统应能及时发现故障，并以报警灯的形式报告驾驶员。

(3) 安全气囊的工作原理与有效作用范围

① 安全气囊的基本设计思想。汽车发生第一次碰撞后[图 1-1(a)]、二次碰撞前[图 1-1(b)]，迅速在乘员和汽车内部结构之间打开一个充满气体的袋子，使乘员撞在气袋上，避免或减缓二次碰撞，从而达到保护乘员的目的[图 1-1(c)]。由于乘员和气囊相碰时容易因振荡造成乘员受伤，所以在气囊的背面开有两个直径 25mm 左右的圆孔。这样，当乘员和气囊相碰时，借助圆孔的放气可减轻振荡。放气过程同时也是一个释放能量的过程，因此可以很快地吸收乘员的动能，有助于保护乘员。

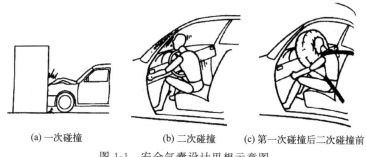

(a) 一次碰撞　　　　(b) 二次碰撞　　　(c) 第一次碰撞后二次碰撞前

图 1-1　安全气囊设计思想示意图

② 安全气囊的工作过程。德国博世公司在奥迪轿车上的实验研究表明：当汽车以 50km/h 的车速与正前面的障碍物碰撞时，安全气囊系统 SRS 的动作时序如图 1-2 所示。

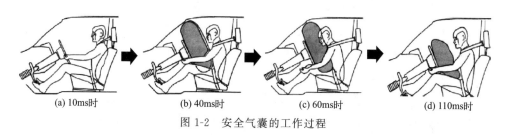

(a) 10ms时　　　(b) 40ms时　　　(c) 60ms时　　　(d) 110ms时

图 1-2　安全气囊的工作过程

a. 碰撞约 10ms 后，SRS 达到引爆极限，点火器引爆点火剂并产生大量热量，使充气剂（叠氮化钠药片）受热分解。此时，驾驶员尚未动作，如图 1-2(a) 所示。

b. 碰撞约 40ms 后，气囊完全充满，体积最大，驾驶员向前移动，斜系在驾驶员身上的安全带被拉紧，部分冲击能量已被吸收，如图 1-2(b) 所示。

c. 碰撞约 60ms 后，驾驶员头部及身体上部压向气囊，气囊的排气孔在气体和人体压力作用下排气节流，吸收人体与气囊之间弹性碰撞产生的动能，如图 1-2(c) 所示。

d. 碰撞约110ms后，大部分气体已从气囊逸出，驾驶员身体上部回到座椅靠背，恢复视野，如图1-2(d)所示。

e. 碰撞约120ms后，碰撞危害解除，车速降低直至为零。

由此可见，气囊在碰撞过程中的动作时间极短。从开始充气到完全充满约为30ms，从汽车遭受碰撞开始到气囊收缩为止，所用时间仅为120ms左右，而人的眼皮眨一下所用时间约为200ms。因此，气囊动作状态和经历时间无法用肉眼确认。图1-3为安全气囊的工作示意图。

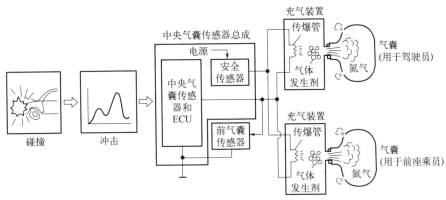

图1-3 安全气囊的工作示意图

③ 安全气囊有效作用范围。汽车安全气囊系统SRS并非在所有碰撞情况下都能起作用。只有在汽车正前方或斜前方±30°范围内（图1-4）发生碰撞，纵向减速度达到设定阈值，且安全传感器和任意一只前碰撞传感器接通时，正面SRS才能引爆气囊充气。

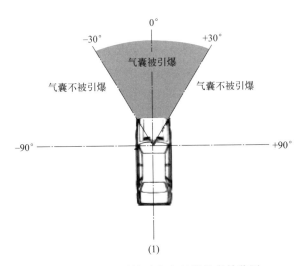

图1-4 正面碰撞时安全气囊的有效范围

在下列条件之一的情况下，SRS 不会引爆气囊充气。

a. 汽车遭受侧面碰撞超过斜前方±30°角时；

b. 汽车遭受横向碰撞时；

c. 汽车遭受后方碰撞时；

d. 汽车发生绕纵向轴线侧翻时；

e. 纵向减速度未达到设定阈值时；

f. 防护传感器未接通时或所有前碰撞传感器都未接通时；

g. 汽车正常行驶、正常制动或在路面不平的道路条件下行驶时。

根据 SRS 的性能，设定减速度阈值，不同车型的 SRS 的减速度阈值有所不同。在美国，因为 SRS 是按驾驶员不佩戴座椅安全带来设计的，气囊体积大、充气时间长，SRS 应在较低的减速度阈值引爆气囊，即汽车以较低车速（30km/h 左右）行驶而发生碰撞时，SRS 就应引爆。在日本和欧洲，由于 SRS 是按驾驶员佩戴座椅安全带来设计的，气囊体积小，充气时间短，所以设定的减速度阈值较高，汽车以比较高车速（50km/h 左右）行驶而发生碰撞时，SRS 才能引爆气囊充气。

侧面气囊只有在汽车遭受侧面碰撞且横向加速度达到设定阈值时，才能引爆充气，且不会给正面气囊充气。

1.2.2 汽车安全气囊系统主要部件的结构与工作原理

吉利几何 A Pro 轿车安全气囊系统电气原理示意图如图 1-5 所示。

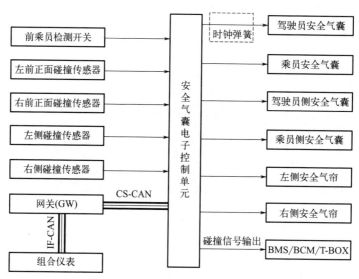

图 1-5 安全气囊系统电气原理示意图

电子式安全气囊系统主要由碰撞传感器、气囊组件、ECU、SRS指示灯等组成。

（1）碰撞传感器的结构与工作原理

碰撞传感器又称为撞击传感器。电子式安全气囊系统采用的碰撞传感器按功用可分为碰撞传感器和安全传感器（防护传感器）两大类。碰撞传感器的作用是检测车辆发生碰撞时的减速度或惯性力，并将信号送到安全气囊系统的专用安全电控单元。安全传感器的作用是防止前碰撞传感器短路而造成气囊误张开，其信号是供电控单元确定是否发生碰撞。在安全气囊系统中，只有当安全传感器与任意一碰撞传感器同时接通时，气囊回路才能接通，气囊才可能充气。

① 机械式碰撞传感器。机械式碰撞传感器主要有滚球式碰撞传感器、滚柱式碰撞传感器和偏心锤式碰撞传感器。这里主要介绍滚球式碰撞传感器，其他传感器原理与其类似。滚球式碰撞传感器主要由滚球、磁铁、导缸、触点和壳体组成，两个触点固定不动，并分别与传感器的引线端子连接。磁铁为永久磁铁。铁质滚球用来感测惯性力或减速度的大小，可在导缸内移动或滚动。壳体上印制有箭头标记，安装时必须按使用说明书规定方向进行安装。

滚球式碰撞传感器的工作原理见图1-6。当传感器处于静止状态时，在永久磁铁的磁力作用下，导缸内的滚球被吸向磁铁，两个触点未被连通，见图1-6(a)。当汽车遭受碰撞，使滚球的惯性力大于永久磁铁的吸力时，惯性力与磁力的合力就会使滚球沿着导缸向左运动，将两个触点接通，如图1-6(b)所示，从而接通安全气囊的搭铁回路。

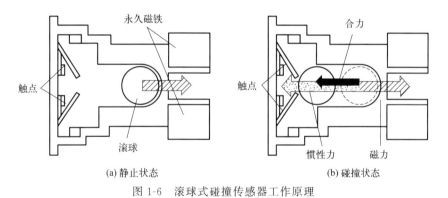

图1-6 滚球式碰撞传感器工作原理

② 电子式碰撞传感器。电子式碰撞传感器主要有压电式、压阻式、电容式。

a. 压电式碰撞传感器是利用压电效应制成的传感器。当汽车遭受碰撞时，传感器内的压电晶体在碰撞产生的压力作用下，输出电压会变化。

b. 压阻式由在硅梁上制成的硅片电阻构成桥路，硅梁变形时，桥路中的电阻变化引起输出电压变化。

c. 电容式由硅栅组成的电容极板组成，硅栅变形时，电容变化引起输出电压变化。

(2) 气囊组件的结构与工作原理

① 驾驶员正面安全气囊组件。驾驶员正面安全气囊组件位于转向盘中心处，主要由气囊装饰盖、气囊、气体发生器和装在气体发生器内部的点火器组成。

a. 气囊：气囊按布置位置可分为驾驶员侧气囊、乘员侧气囊、后排气囊、侧面气囊等；按大小分为保护整个上身的大型气囊和主要保护面部的小型护面气囊。

b. 气囊饰盖：装饰盖又称为衬垫，是气囊组件中的一个重要的组成部分。平时它作为转向盘的上表面，把气囊与外界隔离开，既起到了保护作用，也起到了装饰作用。

c. 气体发生器：气体发生器的作用是点火器引燃点火剂，产生的气体向气囊充气，使气囊张开。如图1-7所示为捷达轿车安全气囊系统用气体发生器，气体发生器中含有片状的叠氮化钠固体喷气燃料。

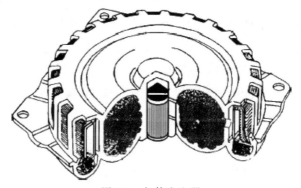

图1-7 气体发生器

d. 点火器：点火器封装在一个用铝箔密封的带孔的圆筒中，其结构如图1-8所示，它接到点火器驱动信号后将气体发生剂点燃。点火器是安全气囊的一部分，它安装在充气装置中，可以接收安全气囊电脑的低电平信号，点燃充气装置中的引药。

② 前乘员正面安全气囊组件。前乘员正面安全气囊组件安装在杂物箱与仪表台之间，其组成、工作原理与驾驶员正面安全气囊基本相同。前乘员正面安全气囊组件用专用螺栓安装在气囊组件支架上，气囊体积约为驾驶员正面安全气囊体积的3倍。

(3) ECU的结构与工作原理

SRS ECU由CPU、RAM、ROM、接口、驱动器等电子电路组成，多数是由单片机加上其他电路所组成。中央控制器中还包含诊断电路，诊断电路并不控

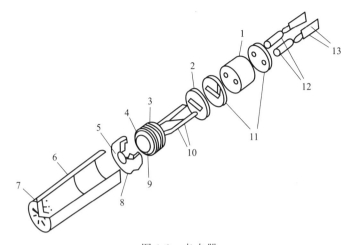

图 1-8 点火器

1—磁头；2—放静电盘；3—电热头；4—电热丝；5—引药；6—药筒；7—底药；8—药脱；9—玻璃封；10—电极；11—隔板；12—连接器；13—引线

制气囊的动作，它仅监视气囊装置的故障，并接通气囊指示灯。诊断电路在工作中还要对一些重要参数进行连续监测，以判断系统是否发生故障。

诊断电路有备用电源，即使蓄电池及其线路在传感器闭合前损坏，也能使气囊打开。每接通点火线路 0.5s 后，气囊指示灯点亮，若 6~8s 后熄灭，表明气囊系统无故障。

电子式 SRS 控制原理：当汽车发生碰撞后，产生碰撞信号，即机械碰撞引起汽车急停，减速度较大，导致车上的物体具有较大的惯性力，惯性力驱动前碰撞传感器、中央碰撞传感器（一般在 SRS 的 ECU 中）和防护传感器接通，使上述传感器输出相应的电压信号。SRS 控制单元执行相应的程序，使点火器通电、点火，药片受热爆炸使发气剂分解，发气剂释放大量氮气冲入气囊，气囊冲开气囊总成盖板迎向驾驶员。在 SRS 电源和控制单元正常的情况下，防护传感器和中央传感器同时接通，或防护传感器和前碰撞传感器同时接通，均可使点火器接通、引燃气囊。

(4) 安全气囊系统其他主要部件

① 安全气囊指示灯。安全气囊指示灯安装在驾驶室仪表板上，并在仪表板相应位置制作有气囊动作图形或"SRS""AIR BAG""SRS AIR BAG"等字样，见图 1-9。

安全气囊指示灯的功用是：指示安

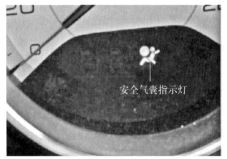

图 1-9 安全气囊指示灯

全气囊系统功能是否处于正常状态。当点火开关接通后，如果安全指示灯发亮或闪亮后自动熄灭，则表示安全气囊系统功能正常。如果安全指示灯不亮、一直发亮或在汽车行驶途中突然发亮或闪亮，表示自诊断系统发现安全气囊系统有故障，应及时排除。

② 螺旋电缆。螺旋电缆是连接在车身与转向盘的电气接线。螺旋电缆由转子、外壳、电缆和接触凸轮等组成，见图1-10。电缆的一端固定在壳体上，另一端固定在转子上，当转向盘向左或向右转动时，电缆在总长度内转动而不会被拖曳。

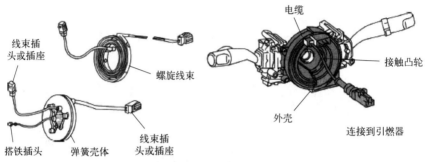

图1-10　螺旋电缆

③ 安全气囊系统线束连接器及其保险机构。目前安全气囊系统采用的线束连接器绝大多数都为黄色连接器。安全气囊系统的连接器采用了导电性能和耐久性能良好的镀金端子，并设计有防止气囊误爆机构、端子双重锁定机构、连接器双重锁定机构和电路连接诊断机构等保险机构，用以保证气囊系统可以可靠工作。

a. 安全气囊防误爆机构：在连接点火器的各插接器上设有防止气囊误爆机构，其原理如图1-11所示，连接器上有一个短路片，用于在插接器拔开时将点火器侧的两端子短路，以防止静电或误通电使点火器点燃点火剂，造成气囊误爆，如图1-11所示。

b. 电气连接检查机构：这一机构用来检查连接器连接得是否正确和完全。连接可靠时，插接器处的诊断销将插座上带有弹簧片的诊断端子短接，如果安全气囊控制器可监测到串接在诊断端子处电阻的电阻值，就诊断为插接器连接良好。插接器连接不可靠时，插接器处的诊断销未将插座上的诊断端子短接，安全气囊控制器监测到的电阻值为无穷大，即可诊断为插接器连接不良，通过控制SRS警示灯闪亮报警并储存相应的故障码（图1-12）。

④ 备用电源。安全气囊系统有两个电源，一个是汽车电源（蓄电池和交流发电机）；另一个是备用电源。备用电源又称为后备电源或紧急备用电源。

备用电源电路由电源控制电路和若干个电容器组成。在单安全气囊系统的控

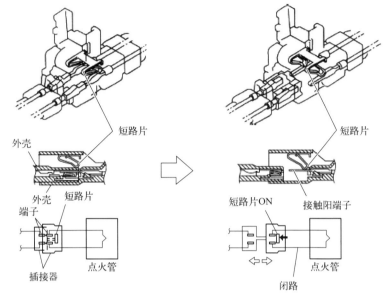

(a) 插接器正常连接时，短路片与端子脱开　　(b) 插接器拔开时，短路片将端子短接

图 1-11　防止安全气囊误爆机构的结构原理

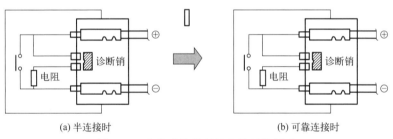

(a) 半连接时　　(b) 可靠连接时

图 1-12　电路连接诊断机构的结构原理

制组件中，设有一个电脑备用电源和一个点火备用电源。在双安全气囊系统的控制模块中，设有一个电脑备用电源和两个点火备用电源，即两条点火电路各设一个备用电源。点火开关接通之后，如果汽车电源电压高于 SRS 电脑的最低工作电压，那么电脑备用电源和点火备用电源即可完成储能任务。当汽车电源与 SRS 电脑之间的电路切断后，在一定时间（一般为 6s）内，备用电源继续给安全气囊系统供电，保持安全气囊系统的正常功能。当汽车发生碰撞而导致蓄电池和交流发电机与 SRS 电脑之间的电路切断时，电脑备用电源能在 6s 之内向电脑供给电能，保持电脑测出碰撞、发出点火指令等正常功能；点火备用电源能在 6s 之内向点火器供给足够的点火能量引爆点火剂。使充气剂受热分解给气囊充气。时间超过 6s 之后，备用电源供电能力降低，电脑备用电源不能保证电脑测出碰撞和发出点火指令；点火备用电源不能供给最小点火能量，SRS 气囊不能充气膨开。

1.2.3 安全气囊系统故障诊断

在对安全系统的故障进行诊断前，参见描述与操作及系统工作原理。了解和熟悉安全气囊系统的工作原理，然后再开始系统诊断，这样在出现故障时，能尽快确定正确的故障诊断步骤，更重要的是，这样有助于确定客户描述的状况是否属于正常操作。对安全气囊系统的任何故障诊断都应该以常规检查为起点，指导维修员采取下一个逻辑步骤，进行故障诊断。理解并正确使用诊断流程，可缩短诊断时间并避免对故障部位的误判。

故障排除中最困难的情况是没有任何症状出现。在这种情况下，必须彻底分析用户所叙述的故障，然后模拟与客户车辆出现故障时相同或相似的条件和环境。无论维修人员经验多么丰富，技术多么熟练，如果不确认故障症状就进行故障排除，将会在修理中忽略一些重要的细节，并在某些地方做出错误的判断，这将导致故障排除无法进行下去。

检查易于接触或能够看到的系统部件，以查明其是否有明显损坏或存在可能导致故障的情况。连接器接头和振动的支点是应该彻底检查的主要部位，如果是振动造成的故障，建议用振动法：用手指轻轻振动可能有故障的部位，并检查是否出现故障；在垂直和水平方向轻轻摇动连接器；在垂直和水平方向轻轻摇动线束。

安全气囊系统警告灯故障诊断步骤如图 1-13 所示。

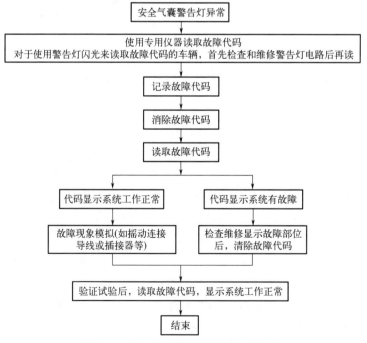

图 1-13 安全气囊警告灯故障诊断流程

1.3 实践出真知-检修安全气囊系统

1.3.1 情景描述

客户小李开着一辆新能源汽车几何 A Pro 到 4S 店。据他描述，他的新能源汽车使用了 5 年，车辆出现安全气囊故障警告灯故障现象。作为一名新能源汽车维修人员，如何对新能源汽车安全气囊系统进行故障分析与诊断？

1.3.2 准备工作

① 工具准备。绝缘垫、绝缘鞋、绝缘手套、安全帽、护目镜等安全防护用品，拆装专用工具，电工胶布。
② 实训车辆。吉利几何 A Pro。
③ 辅助资料。维修手册、电路图、教材。

1.3.3 任务实施

(1) 验证故障现象

按下智能钥匙开锁键，打开车门，将智能钥匙放在中央扶手储物盒中，按下启动开关（图 1-14），组合仪表点亮，低压用电设备正常上电工作，但是上电后仪表中的安全气囊指示灯一直亮。安全气囊位置如图 1-15 所示。

图 1-14 电源启动按钮置于"ON"状态

图 1-15 安全气囊位置

(2) 推测可能原因

根据该车型安全气囊系统相关电路图（图 1-16），推测可能原因：CF29 断路；传感器故障、安全气囊本身机械故障；安全气囊系统供电故障、接地故障；安全气囊系统线路断路。

(3) 确认故障原因

通过对安全气囊系统相关电路分析，打开室外熔断器盒（图 1-17），找到 CF29 进行检测，经检查保险丝均完好，检查安全气囊相关线束及接插件均完好。判断故障原因为传感器相关线束接插件松动。

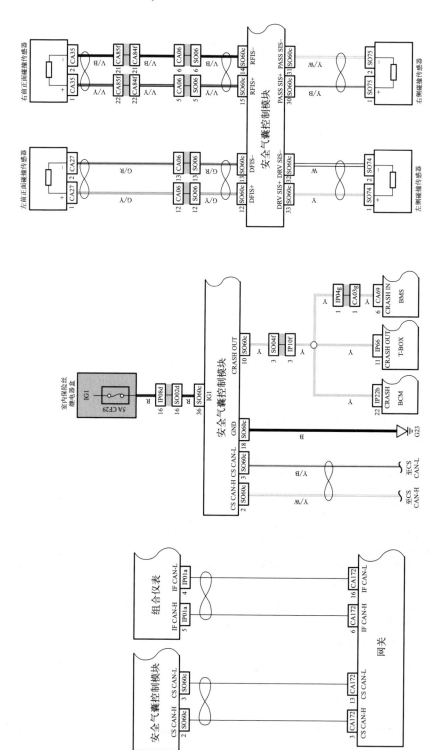

图 1-16 安全气囊系统相关工作电路

（4）标准作业维修

按照维修手册标准作业流程，断开电源，更换新连接线束，并固定传感器相关线束。

（5）确认故障排除

正确连接低压电源，按下启动开关，仪表指示灯先亮后灭，故障清除。

图 1-17　室外熔断器盒检测

（6）按照 7S 要求整理施工现场

1.4　游刃有余

1. 安全气囊前碰撞传感器的有效作用范围是汽车正前方±（　　）。
   A. 25°　　　　　B. 35°　　　　　C. 30°　　　　　D. 40°
2. 侧面安全气囊系统在下列哪些情况下会膨胀开？（　　）
   A. 轻微的侧面碰撞　　　　　B. 侧面碰撞
   C. 追尾　　　　　　　　　　D. 正前方碰撞
3. 下列不属于对安全气囊系统要求的是（　　）。
   A. 柔软性好　　　　　　　　B. 灵敏度高
   C. 可靠性高　　　　　　　　D. 有防误爆功能
4. 电控安全气囊系统的保险机构中，端子双重锁定机构是用来（　　）。
   A. 防止安全气囊误引爆　　　B. 防止连接器脱开
   C. 检测连接器是否连接可靠　D. 防止端子沿引线滑动
5. 安全气囊是否引爆取决于汽车碰撞时（　　）的大小和碰撞角度。
   A. 减速度　　　B. 碰撞能量　　　C. 车身刚度　　　D. 碰撞力
6. 安全气囊的线束为了与其他线束区别，一般做成（　　）。
   A. 红色　　　　B. 黄色　　　　　C. 蓝色　　　　　D. 绿色
7. 安全气囊是辅助安全系统，简称（　　）。

A. ECU B. SRS C. IPC D. VTEC

8. 在汽车没有发生碰撞的情况下，安全气囊的使用年限为（　　）。

A. 5～6 年　　B. 15～20 年　　C. 7～15 年　　D. 9～10 年

9. 安全气囊为了防误爆，一般采用（　　）。

A. 一级门限控制　　　　　　B. 二级门限控制

C. 三级门限控制　　　　　　D. 四级门限控制

10. 安全气囊备用电源的储能元件是（　　）。

A. 电容　　B. 电感　　C. 电池　　D. 电阻

1.5　行业典范

吉利汽车集团的成功之路——创新、质量、市场、国际、团队、责任

吉利汽车如何一步步走到今天，成为如此成功的企业的？其成功的关键因素是创新、质量、市场、国际、团队、责任。

创始人的愿景和决心：吉利汽车的创始人李书福一直怀揣着"创业一家强"的梦想，他有着强烈的愿景和不屈不挠的决心，致力于将吉利打造成世界级汽车品牌。

市场定位和战略规划：吉利汽车始终坚持走自主创新之路，注重技术研发和产品品质提升，不断满足消费者的需求。他们通过不断的战略调整和市场定位，迅速抓住机遇，实现了市场份额的稳步提升。

产品质量和技术创新：吉利汽车始终注重产品质量和技术创新，致力于提升产品的竞争力和市场影响力。他们引进国际先进的生产设备和技术，不断优化产品结构，推出了一系列高品质、实惠的汽车产品，赢得了消费者的认可。

国际化战略和品牌建设：吉利汽车积极拓展海外市场，实施了国际化战略和品牌建设，提升了企业的国际竞争力和影响力。他们不断加大对海外市场的投入，积极开拓新的市场和渠道，使得吉利汽车产品远销全球数十个国家和地区。

社会责任和品牌形象：吉利汽车注重企业社会责任和品牌形象建设，积极参与慈善事业，致力于环保、公益等社会公益事业，树立了良好的企业形象和品牌声誉。

人才队伍和团队合作：吉利汽车重视人才队伍的建设和团队合作，注重人才的培养和团队的凝聚力，积极引进和培养高素质人才，搭建了一个充满活力和创造力的团队。

综上所述，吉利汽车之所以能够成为中国汽车行业的优秀企业，关键在于其创始人的愿景和决心，以及坚持不懈的努力和不断创新的精神。通过市场定位和战略规划、产品质量和技术创新、国际化战略和品牌建设、社会责任和品牌形象、人才队伍和团队合作等多方面的努力，吉利汽车逐步走到了今天这一成功的地位。

任务二

汽车风窗刮水器与洗涤装置故障诊断

任务导读

挡风玻璃雨刷是一项重要的汽车安全装置,它的发明和改良对汽车行业产生了深远的影响。1888 年,美国人 Mary Anderson 设计了第一款挡风玻璃雨刷,她的设计是一个由手动操作的臂杆和橡胶刷头组成的装置,可以清除挡风玻璃上的雨水和杂物。这一发明在后来的汽车行业中得到广泛应用,并且成为了现代汽车的标准配置之一。现代汽车雨刮器在技术上已经有了许多改进和创新,以提供更高效、更智能化的雨刮体验。以下是一些雨刮器上的高科技特性:雨滴传感器、自动调速、雨刮器加热、智能迎雨和自动抬起等。

本任务通过检修风窗刮水器、风窗洗涤装置等,使学生能够掌握雨刷系统的构造与常见故障维修。

任务引入

某日,一位吉利 4S 店的维修接待人员收到车主反映:当他使用风窗刮水器时,风窗刮水器在低速挡和高速挡的动作均比原来的动作要迟缓,且在关闭其开关时,刮水片不能停在指定的位置。那么,你知道这种情况可能的故障原因是什么吗?

知识目标

1. 了解风窗刮水器与洗涤装置的作用。
2. 熟悉风窗刮水器与洗涤装置组成和工作原理。
3. 掌握风窗刮水器与洗涤装置常见故障的诊断与排除方法。

技能目标

1. 能够指出风窗刮水器与洗涤装置的各组成部分。
2. 能够检修风窗刮水器与洗涤装置的常见故障。

素质目标

1. 具备实事求是的专业精神和强烈的责任感。
2. 弘扬不断进取、精益求精的职业精神。
3. 强化团队协作与高效沟通能力。

2.1 任务工单-检修风窗刮水器与洗涤装置

2.1.1 团队协作

以 3~5 人为一组，选出组长并进行任务分工，将小组概况及分工情况填入表 2-1 中。

表 2-1 学生分组情况

班级：　　　　　组号：　　　　　指导老师：

小组成员	姓名	学号	任务分工
组长			
组员			

2.1.2 搜寻探索

在进行实际操作前，需要掌握风窗刮水器和洗涤装置的相关知识。请各组组长组织组员收集相关资料，回答下列问题。

- 问题一：风窗刮水器和洗涤装置由哪几部分组成？

- 问题二：前照灯清洗器由哪几部分组成？

- 问题三：根据电路图写出刮水器的工作原理。

2.1.3 任务筹划

在明确任务内容的情况下,根据实际情况,在表 2-2 中写出车辆信息及所需的工具、设备、资料。

表 2-2 车辆信息及所需的工具、设备、资料

车辆信息	车型	VIN 码	行驶里程
工具、设备、资料			

在进行实际操作前做好现场防护,并将现场防护措施填入表 2-3 中。

表 2-3 现场防护措施

个人防护	
设备安全防护 (车辆或台架)	
场地安全防护	

2.1.4 稳步推进

在实训室,对一辆汽车上的风窗刮水器和洗涤装置进行检查,找出故障点并排除,将整个操作步骤填入表 2-4 中。操作步骤应符合该车辆维修手册的规定。

表 2-4 操作步骤

序号	任务点	工作内容	
1	进行工作准备与安全防护		
2	检查风窗刮水器和洗涤装置	间歇刮水是否正常?	是□否□
		低速刮水是否正常?	是□否□
		高速刮水是否正常?	是□否□
		风窗洗涤装置是否正常?	是□否□
		风窗刮水器和洗涤装置其他部位是否损坏? 是□(具体缘由:　　　　)否□	
3	故障诊断与排查	检查刮水器熔断器:	
		检查刮水器继电器:	
		检查刮水器开关:	
4	整理现场		

2.1.5 考核评价

各组展示任务完成情况,并配合指导教师完成如表 2-5 所示的考核评价表。

表 2-5 考核评价表

项目名称	评价内容	分值	评价分数		
			自评	互评	师评
职业素养 考核项目 40%	穿戴规范、整洁	6 分			
	安全意识、责任意识、服从意识强	6 分			
	积极参加教学活动,按时完成任务工单	10 分			
	团队合作、与人沟通能力	6 分			
	遵守劳动纪律	6 分			
	维修场地、设备等整洁	6 分			
专业能力 考核项目 60%	专业知识查找及时、准确	12 分			
	操作符合规范	18 分			
	操作熟练,工作效率高	12 分			
	任务完成度高	18 分			
合计		100 分			
总评	自评(20%)＝互评(20%)＋ 师评(60%)＝_____	综合等级	指导老师(签名:_____)		

2.1.6 收获分享

2.2 博观约取

2.2.1 认识风窗刮水器与洗涤装置

(1) 风窗刮水器与洗涤装置的作用和类型

汽车风窗刮水器与洗涤装置是汽车的标准配置，主要用于清洗和刮除风窗玻璃上的雨水、雪和灰尘，以保证驾驶员的视野。有的汽车前照灯配有清洗器系统，以保证雨雪天气尤其是夜间的行车安全。电动风窗刮水器与洗涤装置在汽车上的位置如图 2-1 所示。

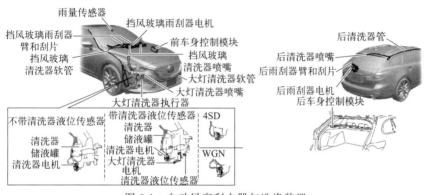

图 2-1 电动风窗刮水器与洗涤装置

(2) 风窗刮水器与洗涤装置的组成

风窗刮水器与洗涤装置由刮水器/洗涤器开关、刮水器电机、连杆、刮水器臂及刮水器片组成。刮水器电路中有一个自停装置，该装置由一个蜗杆齿轮和一个凸轮盘组成，目的是在刮水器/洗涤器开关断开后还能短暂保持电路完整，直到刮水器臂完全回到初始位置时才断开电路。刮水器系统由永磁电机驱动，刮水电机安装在雨刮支架底板上，与刮水器连杆直接相连，如图 2-2 所示。

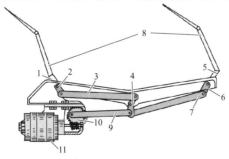

图 2-2 风窗刮水器与洗涤装置的组成

1,5—刮水片架；2—摆杆；3,7,9—连杆；4,6—摆杆；8—刮水片；10—涡轮；11—刮水电动机

刮水电机是风窗刮水器与洗涤装置最主要的部件,其一般有永磁式和绕线式两种。永磁式刮水电机体积小,重量轻,结构简单,使用广泛,其结构如图 2-3 所示。

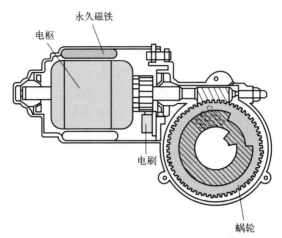

图 2-3 永磁式刮水电机与洗涤装置的结构

前风窗刮水器与洗涤装置由洗涤液、储液罐、洗涤液泵、软管、喷嘴和刮水器/洗涤开关组成,洗涤液储液罐安装在右前大灯总成下,右前翼子板衬板前部。洗涤液泵固定在洗涤液储液罐上,洗涤液泵使洗涤液通过软管输送至两个喷嘴。洗涤器开关也是刮水器/洗涤器开关的组成部分,如图 2-4 所示。

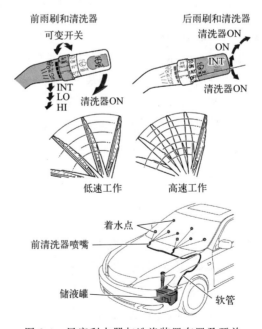

图 2-4 风窗刮水器与洗涤装置布置及开关

① 雨刮器。电动雨刮器的基本组成如图 2-5 所示，一般安装在挡风玻璃的下部。雨刮电机安装在底板上，雨刮连接杆连接雨刮片总成（由雨刮臂、雨刮片等组成）。

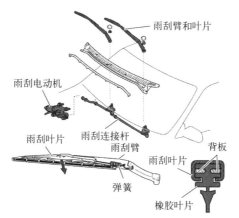

图 2-5 电动雨刮器的基本组成

当驾驶员按下雨刮器的开关时，电机启动，电机旋转运动经过蜗轮蜗杆的减速增扭作用，由轴端的蜗杆传给蜗轮，蜗轮上的偏心销钉与连杆连接，蜗轮转动时通过连杆使摆杆摆动，然后经连杆使雨刮臂带动雨刮片总成往复运动，从而实现对风窗玻璃的刮扫。

② 清洗器。主要由储液罐、洗涤泵、软管、喷嘴等组成（图 2-6）。

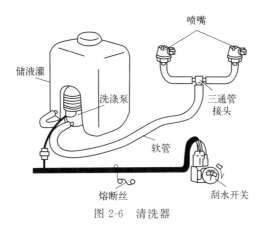

图 2-6 清洗器

洗涤泵一般由永磁直流电机和离心叶片泵组装成一体，喷射压力可达 70～88kPa。洗涤泵大多数直接安装在储液罐上，但也有安装在管路内的。洗涤泵喷嘴安装在风窗玻璃的下面，喷水直径一般为 0.8～1.0mm，大多数车型的喷嘴方向可以根据使用情况进行调整，能够使洗涤液喷射在风窗玻璃的适当位置。

洗涤泵的连续工作时间不应超过 1min。对于雨刮和洗涤分别控制的汽车，应先开启洗涤泵，再接通雨刮器。喷水停止后，雨刮器应继续刮动 3~5 次，以达到更好的清洁效果。

③ 开关。雨刮器与清洗器开关组合在一起，安装在转向盘右下方。雨刮器和清洗器开关操纵杆端部旋钮有 OFF（关闭）、INT（间歇）、LO（低速）、HI（高速）、PULL（清洗器洗涤操作）、MIST（手动工作）6 种工作挡位，当旋钮转到某挡位时，雨刮器便做相应的动作，将操纵杆向上抬时，洗涤泵工作，洗涤液喷出。

开关上各挡位代表不同的工作模式。其中，间歇控制挡一般是通过电机的复位开关触点与电阻电容的充放电功能，使雨刮器以一定周期进行刮扫，即每 1 次动作停止 2~12s，以此减少对驾驶员的干扰。

④ 大灯清洗器（高压清洗系统）。大灯清洗器采用高压清洗系统，可以用在玻璃和塑料配光镜上。清洗效果主要取决于喷嘴与配光镜之间的距离、喷水的水滴大小、接触角、喷水速度以及喷水量。目前大部分前大灯清洗器都属于高压清洗系统。

大灯清洗器的典型部件如下：

a. 洗涤液储液罐：前大灯洗涤液与前玻璃清洗系统洗涤液共用一个洗涤液储液罐，但是，为了保证洗涤液足够，水箱里必须有 25 次或者 50 次清洁循环的水的储存量。如果与其他洗涤液共用，则在满足以上要求的基础上，还至少要有 1L 的空间余量。一般情况下，容量通常为 5~7L。

b. 清洗泵：在前大灯清洗系统中，有一个结构简单的电动循环洗涤液泵。循环液通过清洗泵的喷孔将洗涤液喷射到前大灯上。

c. 大灯清洗器软管：软管是一个极其重要的组件，其伸缩性必须与短期脉冲长度精确匹配。

(3) 风窗刮水器与洗涤装置的工作原理

前刮水器是由刮水器开关提供信号给车身控制模块（BCM），如图 2-7 所示，BCM 接收到刮水器开关的信号后，通过 2 个继电器控制驱动前刮水电机转动，1 个控制刮水器电源，1 个控制刮水器速度，即车身控制模块（BCM）出现故障时，刮水器也能以低速的模式工作。当刮水器开关处于低挡时，电流从电机低速电刷流入电枢线圈，产生大的反电动势，结果是电机以低速旋转；当刮水开关处于高挡时，电流从电机的高速电刷流入电枢线圈，产生小的反电动势，结果是电机以高速旋转。当启动刮水洗涤器开关，BCM 接收到洗涤器开关的信号后，此时刮水器喷水泵处于工作状态。按压洗涤器开关超过 1s 后，刮水器电机也开始启动低挡转动。当关闭刮水器开关后，刮水电机在电枢的惯性作用下不会立即停止，会继续转一会儿，同时，电枢产生反电动势，对刮水电机产生电力制动，电机立即停在固定位置。如图 2-8 和图 2-9 所示为风窗刮水器与洗涤装置系统电路。

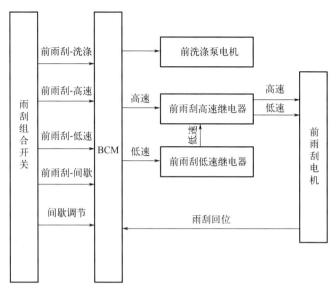

图 2-7 风窗刮水器与洗涤装置电气原理图

（4）风窗刮水器与洗涤装置常见故障诊断

风窗刮水器与洗涤装置常见故障及故障部位如表 2-6 所示。

表 2-6 风窗刮水器与洗涤装置常见故障及故障部位

症状	故障部位
雨刮器在任何挡位下都不工作	继电器
	保险丝
	前挡风玻璃雨刮器开关总成
	前挡风玻璃雨刮器电机总成
	线束或连接器
雨刮器在高速挡不工作	前挡风玻璃雨刮器开关总成
	前挡风玻璃雨刮器电机总成
	线束或连接器
雨刮器在低速挡不工作	前挡风玻璃雨刮器开关总成
	前挡风玻璃雨刮器电机总成
	线束或连接器
雨刮器在间隙挡不工作	前挡风玻璃雨刮器开关总成
	前挡风玻璃雨刮器电机总成
	线束或连接器
前洗涤器不工作	前挡风玻璃洗涤器电机总成
	线束或连接器

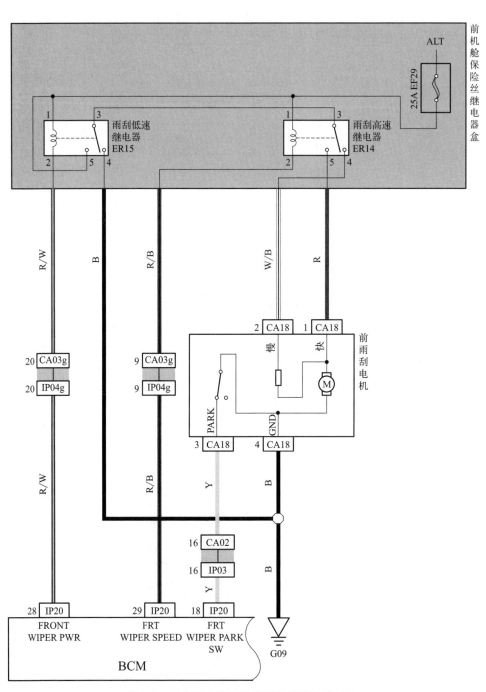

图 2-8 风窗刮水器与洗涤装置系统电路（1）

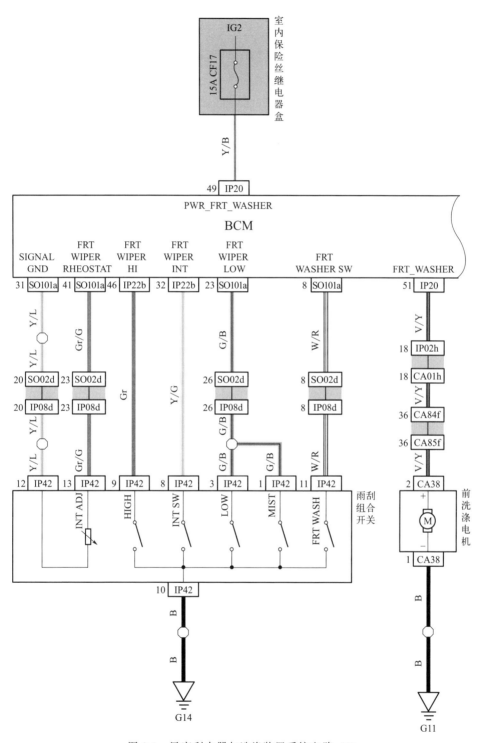

图 2-9 风窗刮水器与洗涤装置系统电路（2）

2.2.2 风窗刮水器与洗涤装置故障诊断分析

雨刮器在任何挡位下都不工作故障诊断流程图如图 2-10 所示。

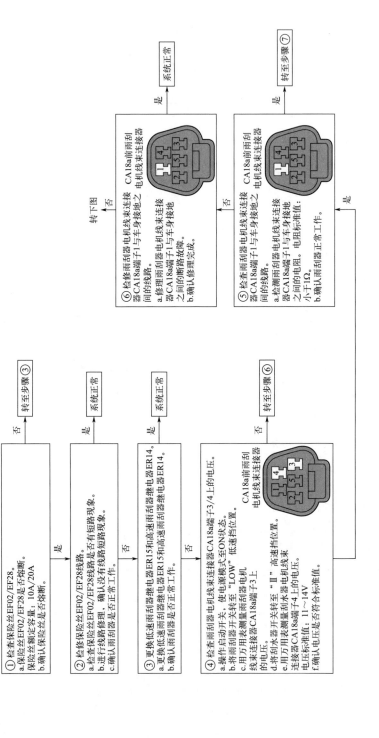

项目一 新能源汽车安全系统故障诊断

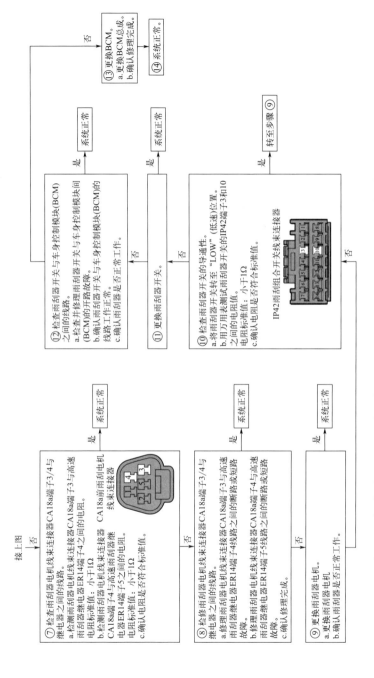

图 2-10 吉利几何 A Pro 刮水器与洗涤装置在任何挡位下都不工作故障诊断流程图

雨刮器在高速挡不工作故障诊断流程图如图 2-11 所示，电路图参照图 2-9。

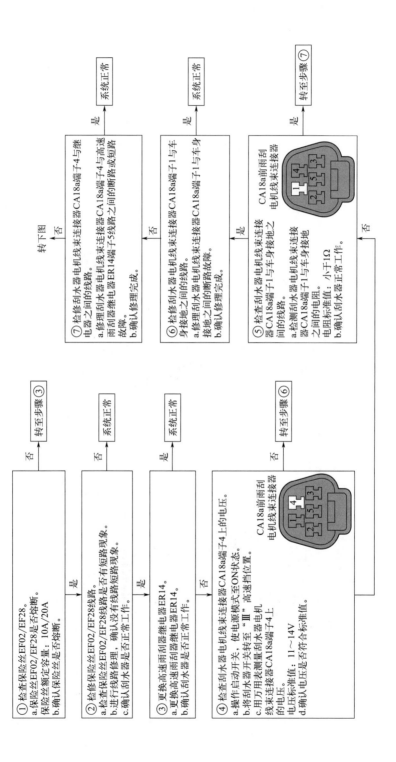

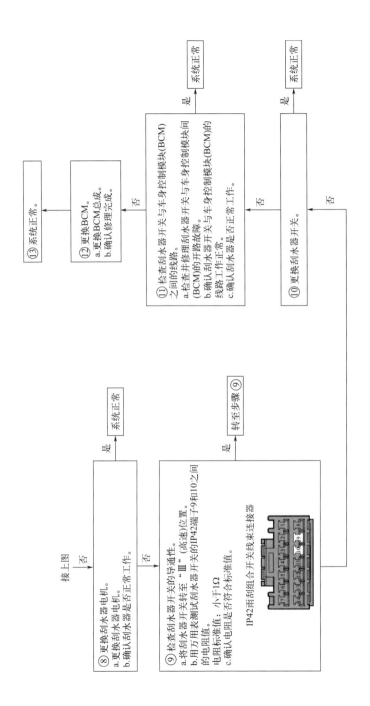

图 2-11 吉利几何 A Pro 刮水器与洗涤装置在高速挡下都不工作故障诊断流程图

2.3 实践出真知-检修风窗刮水器与洗涤装置

2.3.1 情景描述

客户小李开着一辆新能源汽车几何 A Pro 到 4S 店，据他描述，他的新能源汽车使用了 5 年，车辆出现雨刮不工作的现象。作为一名新能源汽车维修人员，如何对新能源汽车雨刮系统进行故障分析与诊断？

2.3.2 准备工作

① 工具准备。绝缘垫、绝缘鞋、绝缘手套、安全帽、护目镜等安全防护用品，拆装专用工具，电工胶布。

② 实训车辆。吉利几何 A-PRO。

③ 辅助资料。维修手册、电路图、教材。

2.3.3 任务实施

(1) 验证故障现象

按下智能钥匙开锁键，打开车门，将智能钥匙放在中央扶手储物盒，按下启动开关（图 2-12），组合仪表点亮，低压用电设备正常上电工作，但是按下雨刮开关按钮（图 2-13），雨刮不工作。

(2) 推测可能原因

故障症状为几何 A Pro 车辆可以上低压电，按下雨刮开关无任何动作，根据该车型雨刮系统工作电路图（图 2-7、图 2-8），推测可能原因：ER14、ER15、EF29、CF17 断路；雨刮本身机械故障；雨刮系统供电故障，接地故障；雨刮系统线路断路。

图 2-12 电源启动按钮置于"ON"状态

图 2-13 按下雨刮开关

(3) 确认故障原因

通过对雨刮系统相关电路分析，打开室外熔断器盒，找到 ER14、ER15、

EF29、CF17 保险丝和继电器进行检测，经检查，ER14 继电器、ER15 继电器和 EF29 保险丝均完好，CF17 保险丝断路，如图 2-14 所示。

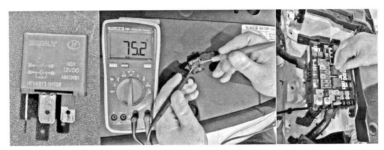

图 2-14　检测保险丝和继电器

（4）标准作业维修

按照维修手册标准作业流程，断开电源，更换新保险丝 CF17。注意在更换前检查新保险丝是否完好。

（5）确认故障排除

正确连接低压电源，按下启动开关，按下雨刮按钮，系统正常工作，故障清除。

（6）按照 7S 要求整理施工现场

2.4　游刃有余

1. 如图所示，这个符号的开关控制什么装置？（　　）

A. 前风窗玻璃刮水器

B. 后风窗玻璃除霜

C. 后风窗玻璃刮水器

D. 前风窗玻璃除霜

2. 如图所示，这个符号的开关控制什么装置？（　　）

A. 后风窗玻璃除霜或除雾

B. 前风窗玻璃刮水器及喷水器

C. 后风窗玻璃刮水器及喷水器

D. 前风窗玻璃除霜或除雾

3. 如图所示，这个符号的开关控制什么装置？（　　）

A. 后风窗玻璃除霜或除雾

B. 前风窗玻璃刮水器及喷水器

C. 后风窗玻璃刮水器及喷水器

D. 前风窗玻璃除霜或除雾

4. 用于挡风玻璃清洗的喷水器由哪些机构组成？（　　）

A. 储水箱、散热器、输水管、蒸发器　B. 储水箱、水泵、输水管、喷水嘴

C. 液压泵、冷凝器、输水管、喷水嘴　D. 储水箱、蒸发器、输水管、喷枪

5. 电动刮水器有（　　）等几个挡位。

A. OFF　　　　　　B. 间歇　　　　　　C. 低速　　　　　　D. 高速

6. 电动刮水器由（　　）三大部分组成。

A. 刮水电机　　　　B. 传动机构　　　　C. 雨刮　　　　　　D. 复位装置

7. 电动刮水器的种类主要有（　　）。

A. 真空式　　　　　B. 气动式　　　　　C. 电动式　　　　　D. 感应式

8. 某车的挡风玻璃刮水器在低速挡位不能工作，其余挡位正常，这说明（　　）。

A. 雨刮开关故障　　　　　　　　　　B. 供电故障

C. 机械连杆装置接头过于松弛　　　　D. 低速挡线路故障

9. 某车的挡风玻璃刮水器在喷水器工作时，雨刮器不能工作，但雨刮器自己工作正常，这说明（　　）。

A. 雨刮开关故障　　　　　　　　　　B. 喷水器开关故障

C. 喷水器开关至刮水器开关线路故障　D. 低速挡线路故障

10. 某车的挡风玻璃刮水器处于自动挡，下雨时，雨刮器不会自动刮拭，主要是由于（　　）。

A. 雨量传感器故障　　　　　　　　　B. 喷水器开关故障

C. 雨量传感器被遮挡　　　　　　　　D. 低速挡线路故障

2.5　行业典范

捷众科技——一家高新技术企业

捷众科技是一家专注于研发、生产和销售精密汽车零部件的高新技术企业。自成立以来，公司专注于汽车精密零部件的研发、生产和销售，积累了丰富的经验，成为国内外多家知名汽车一级零部件厂商的合格供应商，提供了众多符合行业发展趋势和适应市场需求的精密零部件产品。公司主要产品为汽车雨刮系统零部件、汽车门窗系统零部件和汽车空调系统零部件，产品通过法雷奥等 Tier1（一级供应商），最终应用于奔驰、宝马、奥迪、大众和通用等知名品牌汽车，以及特斯拉、比亚迪、理想、蔚来和小鹏等新能源汽车。

公司始终坚持自主创新,掌握了一批具有行业竞争力的核心技术,技术先进性和成熟度处于国内领先地位。此外,公司入选第五批国家级"专精特新小巨人"企业,是省级"专精特新"中小企业、浙江省"隐形冠军"企业、"浙江制造精品"企业。

公司部分专利情况

序号	专利号	专利名称	专利类型	取得方式	申请日	授权公告日
1	ZL201610193920.9	一种半蜗轮模具型腔的制作方法	发明	原始取得	2016.03.31	2018.01.05
2	ZL201610193919.6	一种塑料齿轮的齿形设计方法	发明	原始取得	2016.03.31	2018.06.22
3	ZL201910037182.2	一种汽车模具用降温模架	发明	受让取得	2019.01.15	2020.09.29
4	ZL201711348864.2	一种汽车零部件加工用同轴度检测设备	发明	受让取得	2017.12.15	2020.09.29
5	ZL201811417050.4	一种用于汽车配件焊接的高效加工设备	发明	受让取得	2018.11.26	2020.10.02
6	ZL201811252342.7	一种自适应于多种汽车配件形状的检测夹具	发明	受让取得	2018.10.25	2020.10.02
7	ZL202010736366.0	一种汽车雨刮器传动机构用齿轮检测装置	发明	原始取得	2020.07.28	2021.01.08
8	ZL202010765821.X	一种汽车车窗玻璃升降用传动齿轮双面啮合检测仪	发明	原始取得	2020.08.03	2021.01.19
9	ZL202110198097.1	一种汽车雨刮器齿轮检测设备	发明	原始取得	2021.02.22	2021.09.17
10	ZL202110237248.X	一种传动齿轮齿强度智能便携检测仪	发明	原始取得	2021.03.03	2021.10.01
11	ZL202110979677.4	一种车窗升降系统中电机盖板的加工工艺及其加工设备	发明	原始取得	2021.08.25	2022.09.09
12	ZL202111055038.5	应用于汽车雨刮器传动的组合齿轮加工工艺及其加工装置	发明	原始取得	2021.09.09	2022.10.28

任务三
汽车中控门锁系统的故障诊断与排除

任务导读

中控门锁系统是一种集成了车门锁控制功能的智能系统，旨在提高车辆的安全性和使用便利性。中控门锁系统的主要目标是实现对车门锁的远程控制和监控，确保车辆安全，同时提高驾驶员和乘客的驾驶体验，减少因误操作带来的不便。中控门锁系统具备以下功能：

① 远程控制。车主可以通过手机 APP、钥匙或其他远程控制设备对车辆的车门进行锁定、解锁、查看状态等操作。

② 自动锁定。当车主离开车辆时，系统会自动检测到车门未关闭或未上锁，并发出提醒提示。在一定时间后，车门将自动锁定。

③ 防盗报警。当车辆被非法入侵时，系统会立即发出报警信号。

本任务通过检修汽车中控门锁系统，使学生能够掌握中控门锁系统的构造与常见故障维修。

任务引入

某日，一位吉利 4S 店的维修接待人员收到新能源汽车车主反映：轿车行驶总里程为 5 万公里，发现该车中控锁开关不能控制所有中控门锁。那么，你知道这种情况可能的故障原因是什么吗？

知识目标

1. 掌握中控门锁系统的作用、组成及控制原理。
2. 掌握门锁组成原理、门锁开关功能、门锁上锁/解锁原理。

技能目标

1. 能够正确进行中控门锁各功能操作及检查。
2. 能够正确进行车门铰链清洁润滑。

3. 能够正确进行左前门锁总成、后门锁块、中控门锁按钮更换操作。
4. 能够正确进行中控门锁系统控制模块（BCM）供电电路检测。
5. 能够正确对智能钥匙遥控功能失效故障进行诊断与分析。
6. 能够正确查询中控门锁工作电路图。
7. 能够正确对全车中控门锁不工作故障进行诊断与分析。
8. 作业结束后，能够正确收集、清洁和整理工具，对工位进行 7S 操作。

素质目标

1. 遵守法律法规，践行职业道德，具备高度的安全意识。
2. 具备团队协作精神和服务意识，主动帮助他人。
3. 具备科学分析和解决问题的能力，勇于创新。
4. 具备良好的文档理解能力和清晰的报告书写能力，诚信记录。

3.1 任务工单-检修中控门锁系统

3.1.1 团队协作

以 3~5 人为一组,选出组长并进行任务分工,将小组概况及分工情况填入表 3-1 中。

表 3-1 学生分组情况

班级:　　　　　组号:　　　　　指导老师:

小组成员	姓名	学号	任务分工
组长			
组员			

3.1.2 搜寻探索

在进行实际操作前,需要掌握中控门锁系统的相关知识。请各组组长组织组员收集相关资料,回答下列问题。

• 问题一:请写出中控门锁系统的组成及系统关键零部件在车身上的分布位置。

• 问题二:试画出中控门锁系统的电气原理示意图。

• 问题三:中控门锁系统常见故障及可疑部位有哪些?

3.1.3 任务筹划

在明确任务内容的情况下，根据实际情况，在表 3-2 中写出车辆信息及所需的工具、设备、资料。

表 3-2 车辆信息及所需的工具、设备、资料

车辆信息	车型	VIN 码	行驶里程
工具、设备、资料			

在进行实际操作前做好现场防护，并将现场防护措施填入表 3-3 中。

表 3-3 现场防护措施

个人防护	
设备安全防护（车辆或台架）	
场地安全防护	

3.1.4 稳步推进

在实训室，对一辆汽车上的中控门锁进行检查，找出故障点并排除，将整个操作步骤填入表 3-4 中。操作步骤应符合该车辆维修手册的规定。

表 3-4 操作步骤

序号	任务点	工作内容	
1	进行工作准备与安全防护		
2	检查中控门锁系统	钥匙操作开关是否正常？	是□否□
		中央门锁开关是否正常？	是□否□
		左前门开关是否正常？	是□否□
		自动落锁/解锁是否正常？	是□否□
		检查中控门锁系统其他部位是否损坏？ 是□（具体缘由：　　　　）否□	
3	故障诊断与排查	检查中控门锁系统熔断器：	
		检查中控门锁系统继电器：	
		检查中央门锁开关：	
4	整理现场		

3.1.5 考核评价

各组展示任务完成情况,并配合指导教师完成如表 3-5 所示的考核评价表。

表 3-5 考核评价表

项目名称	评价内容	分值	评价分数		
			自评	互评	师评
职业素养 考核项目 40%	穿戴规范、整洁	6 分			
	安全意识、责任意识、服从意识强	6 分			
	积极参加教学活动,按时完成任务工单	10 分			
	团队合作、与人沟通能力	6 分			
	遵守劳动纪律	6 分			
	维修场地、设备等整洁	6 分			
专业能力 考核项目 60%	专业知识查找及时、准确	12 分			
	操作符合规范	18 分			
	操作熟练,工作效率高	12 分			
	任务完成度高	18 分			
合计		100 分			
总评	自评(20%)=互评(20%)+ 师评(60%)=_____	综合等级	指导老师(签名:_____)		

3.1.6 收获分享

3.2 博观约取

3.2.1 认识中控门锁系统

门锁主要由电机、微动开关、壳体、拉杆等组成。门锁内有一个电机、两个微动开关。电机的工作电压为9~16V,一个微动开关是门锁状态信号,另一个微动开关是门控开关信号。

系统设有两个门锁开关,一个设置在左前门锁内,另一个位于左前门中控开关内。两个门锁开关的上锁信号共同输入到BCM同一个输入端子,但解锁信号却是分别输入的。驾驶员车门钥匙能单独解锁车门,也可以锁止所有车门。

新能源汽车门锁有以下功能,以吉利几何A Pro为例:

① 机械钥匙解锁和上锁。驾驶员侧门锁具有机械解锁与上锁装置。使用机械解锁时,将机械钥匙插入锁孔内,顺时针方向旋转,驾驶员侧车门解锁;逆时针方向旋转,四车门闭锁。

② 遥控解锁和上锁。

a. 遥控解锁:短按智能钥匙上的解锁键,整车解锁;长按解锁键,四车门玻璃打开。长按行李箱门解锁键,行李箱门进入开启状态。

b. 遥控上锁:短按智能钥匙上的上锁键,整车上锁;长按上锁键,四车门玻璃关闭。如果四车门、前机舱罩、行李箱门任一未关闭,按下智能钥匙上的上锁键,车辆将连续发出5次警报声,提醒上锁失败。

③ 自动上锁和解锁。

a. 自动重锁:使用智能钥匙解锁车辆30s内,前机舱罩、四车门、行李箱门任一未被打开,车门会自动重锁。室内灯熄灭,车辆进入设防状态。

b. 行车自动上锁:启动开关置于ON挡,车速大于20km/h时,四车门会自动上锁。行车自动上锁功能可在多媒体设置里调整自动上锁车速,或选择关闭此功能。

④ 钥匙忘在车内提醒解锁。启动开关置于OFF挡,智能钥匙遗忘在车内,车辆闭锁时,会有报警提示。

⑤ 停车自动中控解锁。车辆自动上锁后,如果将车辆停下,并且启动开关置于OFF挡,则车门自动解锁。

⑥ 碰撞解锁。驾驶过程中发生严重的正面碰撞时,四车门会自动解锁,方便乘员迅速离开车辆。

⑦ 中央集控门锁优先级。当几个信号同时有效时,优先级为:碰撞解锁＞前门钥匙开关信号＞遥控信号＞中控门锁＞自动解锁与自动闭锁功能。当上述信

号有一个有效，并正在执行相应动作时，另一个信号在此时发生，则会被忽略。但当有碰撞解锁信号发生时，BCM 立即执行碰撞解锁动作。

中控门锁系统是中央控制门锁系统的简称，通过中央控制门锁开关和钥匙控制电机，同时控制所有车门关闭与开启的装置，其作用是增加汽车使用的方便性和安全性。中控门锁系统如图 3-1 所示，电气原理示意图如图 3-2 所示。

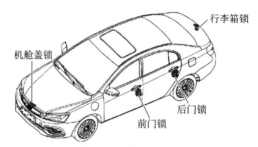

图 3-1 中控门锁系统

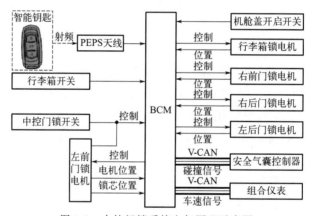

图 3-2 中控门锁系统电气原理示意图

3.2.2 中控门锁系统的工作原理

(1) 门锁组成原理

门锁主要由电机、微动开关、壳体、拉杆等组成，其构造如图 3-3 所示。

① 电机。利用电机的正转和反转实现上锁和解锁动作。

② 微动开关。反映车门开闭情况。

③ 拉杆。当门锁电机（或其他执行机构）运转时，通过门锁拉杆操纵门锁上锁或解锁。

(2) 门锁开关

中控门锁系统设有两个门锁开关，如图 3-4 所示。一个设置在左前门锁内，另一个位于左前门中控开关内。

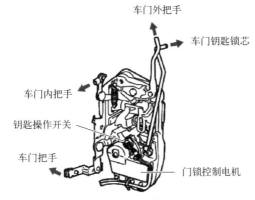

图 3-3 门锁构造

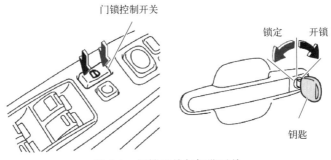

图 3-4 门锁开关与钥匙开关

(3) 门锁上锁/解锁原理

① 上锁原理。当 BCM 接收到开关上锁输入信号或者满足自动落锁条件时,从 BCM 的上锁输出端输出电源,控制五个车门的门锁电机执行上锁操作。

② 解锁原理。当 BCM 接收到开关解锁输入信号或者满足自动解锁条件时,从 BCM 的解锁输出端输出电源,控制四个车门和后背门的门锁电机执行解锁操作。背门(行李箱盖)可通过操作后背门开关并通过无钥匙进入模块与 BCM 信号控制,以单独开启。

3.2.3 中控门锁系统的故障诊断

对中控门锁的任何故障诊断都应该以目视检查为起点,指导维修员采取下一个逻辑步骤,进行故障诊断。理解并正确使用诊断流程可缩短诊断时间,并避免对故障部位的误判。

(1) 目视检查

• 检查可能影响中控门锁的售后加装装置,确保这些装置不会影响中控门锁正常工作。

- 检查易于接触或能够看到的系统部件，以确保该部件没有明显损坏或可能导致故障的情况。
- 检查线束、线束连接器，以确保线束、线束连接器没有松脱、破损、接触不良、老化等迹象。
- 若所有门锁操作都失效，则在更换门锁之前应检查并修理电源供给，或接地电路处的接触不良或断路故障。

（2）中控门锁系统检查

汽车中控门锁系统常见故障原因及可疑部位见表 3-6，按照上述解锁/上锁操作进行中控门锁各功能的检查和修理。

表 3-6 汽车中控门锁系统常见故障原因及可疑部位

故障	可疑部位
智能钥匙遥控功能失效	智能钥匙电池
	智能钥匙
中控锁开关功能失效	中控锁开关
	线束或连接器
	BCM
所有中控锁不能锁/开车门	蓄电池
	保险丝
	线束或连接器
	BCM
	中控锁
行李箱不能开启	行李箱开启开关
	线束或连接器
	行李箱锁
	BCM
车门行驶自动上锁功能失效	BCM
	线束或连接器
	组合仪表
一侧门锁不能锁/开车门	BCM
	线束或连接器
	中控锁

吉利几何 A Pro 汽车中控门锁系统工作电路图如图 3-5 所示。（注意：本小节以左前门锁不工作为例进行故障诊断，其他门锁诊断方法类似。）

智能钥匙遥控功能失效故障诊断步骤如图 3-6 所示。

项目一 新能源汽车安全系统故障诊断

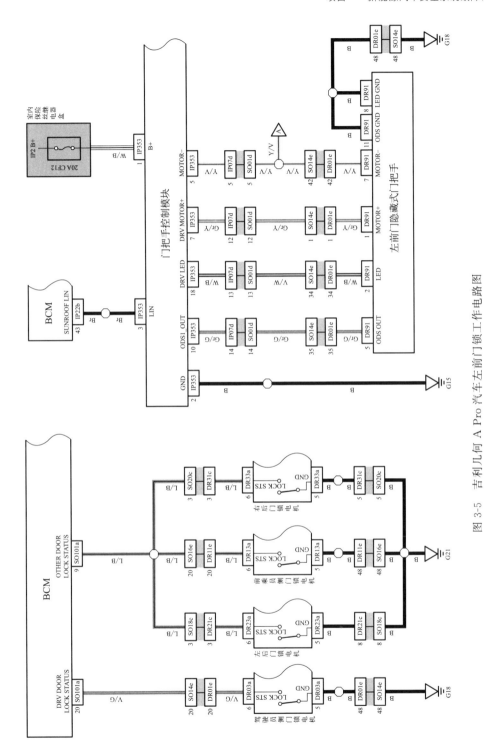

图 3-5 吉利几何 A Pro 汽车左前门锁工作电路图

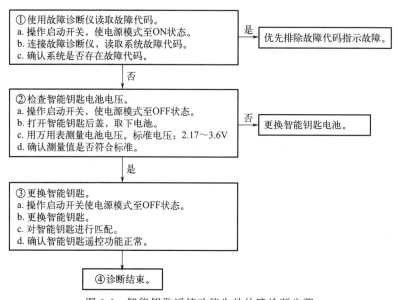

图 3-6 智能钥匙遥控功能失效故障诊断步骤

3.3 实践出真知-检修汽车中控门锁系统

3.3.1 情景描述

客户小李开着一辆新能源汽车几何 A Pro 到 4S 店，据他描述，他的新能源汽车使用了 5 年，车辆出现中控门锁失灵的现象。作为一名新能源汽车维修人员，如何对新能源汽车中控门锁系统进行故障分析与诊断？

3.3.2 准备工作

① 工具准备。绝缘垫、绝缘鞋、绝缘手套、安全帽、护目镜等安全防护用品，拆装专用工具，电工胶布。
② 实训车辆。吉利几何 A-PRO。
③ 辅助资料。维修手册、电路图、教材。

3.3.3 任务实施

(1) 验证故障现象

按下智能钥匙开锁键，打开车门，将智能钥匙放在中央扶手储物盒，按下启动开关（图 3-7），组合仪表点亮，低压用电设备正常上电工作，但是按下门锁开关（图 3-8），门锁失效。

图 3-7　电源启动按钮置于"ON"状态

图 3-8　按下门锁开关

（2）推测可能原因

故障症状为几何 A Pro 车辆可以上低压电，按下门锁开关无反应，根据该车型中控门锁系统电路图，推测可能原因：CF12 和 CF05 保险丝断路；中控门锁本身机械故障；中控门锁系统供电故障，接地故障；中控门锁系统线路断路。

（3）确认故障原因

通过对中控门锁系统相关电路分析，打开室外熔断器盒，找到 CF12 和 CF05 进行检测，经检查保险丝继电器均完好。检查 CF12 和 CF05 相关线束及接插件，判断故障原因为 CF12 和 CF05 相关线束接插件松动，如图 3-9 所示。

图 3-9　室外熔断器盒检测保险丝

（4）标准作业维修

按照维修手册标准作业流程，断开电源，更换新的连接线束，并固定中控门锁相关线束。

（5）确认故障排除

正确连接低压电源，按下启动开关，按下门锁开关，能实现正常开关，故障清除。

（6）按照 7S 要求整理施工现场

3.4 游刃有余

1. 以下哪种类型的中控门锁具有较高的安全性？（　　）

   A. 机械式中控门锁

   B. 电子式中控门锁

   C. 智能中控门锁

2. 以下哪种方式可以实现对车辆的远程控制？（　　）

   A. 钥匙遥控　　　B. 手机 APP 遥控　　C. 车载电脑遥控

3. 当车主离开车辆时，以下哪种功能会自动锁定车门？（　　）

   A. 车速传感器检测到车主离开

   B. 车钥匙未插入点火开关

   C. 车窗未关闭

4. 以下哪种报警方式可以及时提醒车主车辆被非法入侵？（　　）

   A. 声音报警　　　B. 灯光报警　　　C. 短信报警

5. 以下哪项不是智能中控门锁的功能？（　　）

   A. 远程控制　　　B. 自动锁定　　　C. 防盗报警

6. 在汽车中控门锁系统中，（　　）主要负责车门的锁定和开启？

3.5 行业典范

比亚迪坚持科技创新，全面发展

比亚迪是什么样的公司？

比亚迪是一家在香港上市的自主品牌高科技公司，成立于 1995 年。它的标志用字母"BYD"构造而成，对大多数消费者来说，这个名字相当拗口，在品牌知名度不高时，很多人甚至会以为比亚迪是一个外国企业。不过，这个名称其实还有一个很有诗意的含义："Build Your Dreams"，也就是说"成就梦想"。今天，比亚迪已成为充电电池领域的世界优秀企业，同时，它还拥有 IT 零部件制造和汽车制造两大产业，且其竞争优势明显。

面临的挑战

尽管比亚迪公司的发展十分迅速,但其面临的挑战也同样严峻。在国内,随着经济波动对汽车行业的影响,比亚迪面对严峻的汽车市场危机,还需要解决很多问题。首先,越来越多的国内自主品牌汽车(如江淮汽车、长城汽车)相继进入新能源汽车生产领域,并且也有一定数量的合资企业(如奔驰、宝马等品牌)开始设计并制造新能源汽车。其次,比亚迪自身设计制造的混合动力电动车的电池充电等技术虽然优秀,但仍然需要突破。在国外,特斯拉等公司同样将新能源汽车作为以后的发展重点,这无疑是比亚迪面临的最大也最迫切的问题。

战略发展

也许是出于对新能源汽车市场的看好,也许是对自家品牌新能源车型的信任,比亚迪此前正式对外宣布,停止生产燃油车型。这一政策不仅对整个比亚迪品牌车型销售量产生影响,同样也代表了比亚迪在技术领域将完全专注于纯电动汽车和插电式混动汽车的技术。

比亚迪一直坚持技术创新,希望能够满足人们对美好生活的向往。面对竞争,它以梦想激发动力;面对现实,它让梦想照进现实;存在激情,它为梦想永存斗志;坚持创新,它为梦想攻克难题。在汽车方面,比亚迪是全球率先同时拥有电池、电机、电控这三大新能源汽车核心技术的车企,尤其是"刀片电池"、DM双模技术、双向逆变充放电技术,都贯彻了创新精神。现在,比亚迪已经具有强大的产品研发能力,以及先进、全面的设备研发和测试能力,足以实现智能化、信息化、工业化产品制造。因此,比亚迪已经占据中国新能源汽车市场的半壁江山。

项目二　新能源汽车舒适系统故障诊断

扫码获取本书配套资源

任务四
汽车自动空调系统的故障诊断

任务导读

汽车空调系统是衡量新能源汽车功能是否齐全的标志之一,它可以实现对车内空气的制冷、取暖、置换等功能。通过调节车内的温度、净化空气,空调系统可为驾驶员创造舒适的驾车环境,降低驾驶员的疲劳程度,提高行车安全性;同时也可为乘客提供舒适、便捷的乘车环境。

本任务通过检修空调系统在使用过程中存在的故障,使学习者能够处理常见故障。

任务引入

某日,一位吉利4S店的维修接待人员收到几位车主反映:
- 行驶总里程10万公里,发现该车制冷系统工作不正常;
- 行驶总里程11.5万公里,发现该车空调系统内外循环调节失效;
- 行驶总里程12万公里,发现该车空调系统所有功能均失效。

如果你是4S店的维修人员,你知道如何处理这些故障吗?

知识目标

1. 了解新能源汽车空调系统的组成和作用。
2. 掌握常见新能源汽车空调系统的工作原理。
3. 掌握新能源汽车无法制冷的故障诊断方法。

技能目标

1. 能够正确检查制冷冷风性能。
2. 能够正确检测维修制冷系统部件。
3. 能够正确维修暖风系统部件、通风系统部件。
4. 能够正确检测空调控制电路。

5. 能够正确诊断空调系统故障。

6. 作业结束后，能够正确清洁、收集和整理工具，对工位进行7S操作。

素质目标

1. 提升故障诊断能力：培养团队成员识别和诊断自动空调系统故障的专业技能，确保准确、快速地解决问题。

2. 强化系统理解：深入理解自动空调系统的工作原理和各组成部分的功能，提高系统的故障排查效率。

3. 应用先进技术：掌握和应用最新的诊断工具和技术，保证在故障诊断领域的前沿技术得到应用，提高工作效率和准确性。

4. 注重安全规范：在故障诊断过程中严格遵守安全操作规范，确保人员和设备的安全，提升整体安全意识。

4.1 任务工单-检修空调系统

4.1.1 团队协作

以 3~5 人为一组，选出组长并进行任务分工，将小组概况及分工情况填入表 4-1 中。

表 4-1 学生分组情况

班级：　　　　　组号：　　　　　指导老师：

小组成员	姓名	学号	任务分工
组长			
组员			

4.1.2 搜寻探索

在进行实际操作前，需要掌握汽车空调系统的相关知识。请各组组长组织组员收集相关资料，回答下列问题。

- 问题一：请写出制冷系统的工作过程。

- 问题二：请写出空调取暖系统的工作原理。

- 问题三：请写出空调系统面板上每个按钮的功能。

4.1.3 任务筹划

在明确任务内容的情况下，根据实际情况，在表 4-2 中写出车辆信息及所需的工具、设备、资料。

表 4-2　车辆信息及所需的工具、设备、资料

车辆信息	车型	VIN 码	行驶里程
工具、设备、资料			

在进行实际操作前做好现场防护，并将现场防护措施填入表 4-3 中。

表 4-3　现场防护措施

个人防护	
设备安全防护（车辆或台架）	
场地安全防护	

4.1.4 稳步推进

在实训室，对一辆汽车上的空调系统进行检查，找出故障点并排除，将整个操作步骤填入表 4-4 中。操作步骤应符合该车辆维修手册的规定。

表 4-4　操作步骤

序号	任务点	工作内容	
1	进行工作准备与安全防护		
2	检查汽车空调系统	制冷系统是否正常？	是□ 否□
		出风模式是否正常？	是□ 否□
		内外循环是否正常？	是□ 否□
		温度调节是否正常？	是□ 否□
		鼓风机工作是否正常？	是□ 否□
3	故障诊断与排查	检查制冷管路温度：	
		检查空调控制器线路：	
		其他：	
4	整理现场		

4.1.5 考核评价

各组展示任务完成情况，并配合指导教师完成如表 4-5 所示的考核评价表。

表 4-5 考核评价表

项目名称	评价内容	分值	评价分数		
			自评	互评	师评
职业素养考核项目 40%	穿戴规范、整洁	6 分			
	安全意识、责任意识、服从意识强	6 分			
	积极参加教学活动，按时完成任务工单	10 分			
	团队合作、与人沟通能力	6 分			
	遵守劳动纪律	6 分			
	维修场地、设备等整洁	6 分			
专业能力考核项目 60%	专业知识查找及时、准确	12 分			
	操作符合规范	18 分			
	操作熟练，工作效率高	12 分			
	任务完成度高	18 分			
合计		100 分			
总评	自评(20%)＝互评(20%)＋师评(60%)＝_____	综合等级	指导老师(签名：_____)		

4.1.6 收获分享

4.2 博观约取

4.2.1 认识新能源汽车空调系统

(1) 新能源汽车空调系统的组成和作用

新能源汽车空调系统由制冷系统、供暖系统、通风和空气净化装置及控制系统组成。空调系统的作用是根据室外环境随时调节汽车内部的温度、湿度和通风状况，提高车内空气质量，保持最舒适的驾乘环境。

(2) 新能源汽车与传统汽车空调系统的主要差别

新能源汽车对空调系统的要求与传统燃油汽车相同。不同的是，两者的压缩机驱动及制热方式不同。纯电动汽车没有发动机，插电式混动汽车的发动机不是实时工作的，传统燃油车型上的皮带驱动式空调压缩机无法应用到新能源汽车上。没有了发动机，暖风系统就没有了热源，因此需要另外形式的制热装置。新能源汽车上普遍采用了电动空调压缩机和 PTC 加热器来分别实现制冷和制热功能。

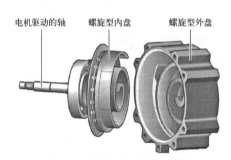

图 4-1 涡旋式压缩机结构

① 电动空调压缩机。电动空调压缩机使用小型三相交流发电机驱动压缩机，压缩机类型为涡旋式，压缩机与控制器集成一体，通过电机自身的旋转带动涡旋盘压缩，完成制冷剂的吸入和排出，为制冷循环提供动力。

涡旋式压缩机结构如图 4-1 所示，由电机驱动的轴、螺旋型外盘和螺旋型内盘组成。

涡旋式压缩机工作原理如图 4-2 所示。螺旋型内盘由三相交流同步电机通过一个轴驱动，并进行偏心旋转。通过固定式螺旋型外盘上的两个开口吸入低温低压气态制冷剂，然后通过两个螺旋型盘的移动，使制冷剂压缩、变热，可通过外盘中部的开口以气态形式释放。高温高压气态制冷剂从此处经油气分离器向冷凝器方向流至空调压缩机接口。电动制冷剂压缩机最高转速为 8600r/min，可产生

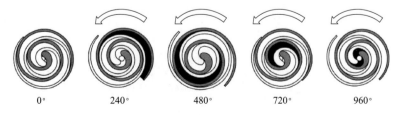

图 4-2 涡旋式压缩机工作原理

约 3MPa 的最大工作压力。

压缩机控制器与压缩机集成一体，控制器通过 IPM 模块变频调节电动压缩机转速，并且具有过流、欠压自动检测和保护功能。

② PTC 加热器。PTC 是正温度系数的英文缩写。利用发热类 PTC 性能稳定、升温迅速、受电源电压波动影响小等特点制成的加热元件，在新能源汽车暖风系统中得到广泛应用。

PTC 加热器由高压电网供电，整车控制器或空调控制器控制通断。根据空调控制面板输入的制暖信号，启动加热。冷却液被加热后流经加热器芯，鼓风机将热风吹入室内，实现暖风功能。

4.2.2 新能源汽车空调系统原理

吉利帝豪 EV450 采用自动空调，室内自动空调面板是乘员舱单温区控制器及动力电池温度控制器，能控制乘员舱的制冷及加热、动力电池的冷却及加热，为乘员舱提供舒适的温度，同时为动力电池提供恒温环境。

(1) 吉利帝豪 EV450 空调系统基本组成

空调制冷系统由空调压缩机、冷凝器、空调高低压管等组成；暖风系统由 PTC 加热器、热交换器、PTC 加热器水泵等组成，如图 4-3 所示。

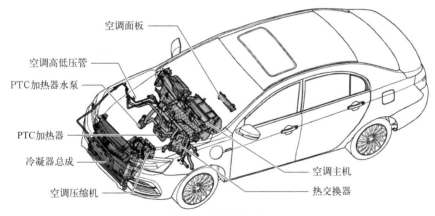

图 4-3 空调系统组成

空调压缩机高压电范围为 200～450V，转速范围为 800～9000r/min，泄压阀压力为 3.8±0.3MPa。加热器由电阻膜和散热元件组成，在一定范围内，加热的功率随电流变化而变化，电阻膜的电阻随温度变化的影响较小，因此电加热器可输出稳定的功率，从而为制热系统提供稳定的热源。加热器加热温度范围－40～120℃，高压电范围 300～450V。空调系统内部透视图如图 4-4 所示。

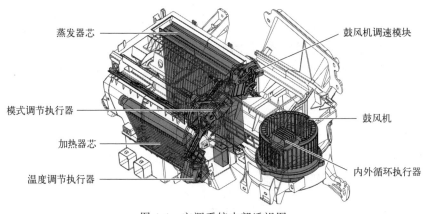

图 4-4 空调系统内部透视图

（2）制冷系统工作原理

吉利帝豪 EV450 自动空调制冷原理如图 4-5 所示。压缩机受高压电驱动，当压缩机工作时，压缩机吸入从蒸发器出来的低温低压气态制冷剂，经压缩，制冷剂的温度和压力升高，并被送入冷凝器。在冷凝器内，高温高压的气态制冷剂把热量传递给经过冷凝器的车外空气而液化，变成液体。液态制冷剂流经膨胀阀时，温度和压力降低，并进入蒸发器。在蒸发器内，低温低压的液态制冷剂吸收经过蒸发器的车内空气的热量而蒸发，变成气体。气体又被压缩机吸入进行下一轮循环。这样，通过制冷剂在系统内的循环，不断吸收车内空气的热量并排到车外空气中，使车内空气的温度逐渐下降。

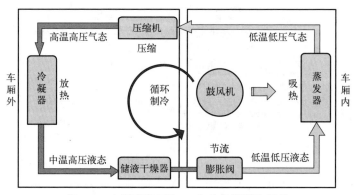

图 4-5 吉利帝豪 EV450 自动空调制冷原理

（3）制热系统工作原理

吉利帝豪 EV450 自动空调制热（制暖）原理如图 4-6 所示。制热系统由鼓风机和加热器（PTC）、加热器水泵、加热器芯体等组成。当自动空调系统处于加热模式时，加热器在高压电的作用下对冷却液进行加热，高温冷却液被加热器水泵抽入加热器芯。同时，冷暖温度控制电机旋转至采暖位置，气流在鼓风机的作用下流过加热器芯，产生热量传递。外部空气在进入乘客舱前，与加热后的空气混合，吹出舒适的暖风。

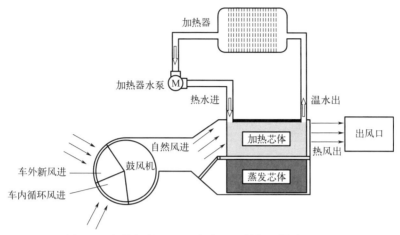

图 4-6　吉利帝豪 EV450 自动空调制热（制暖）原理

4.2.3　制冷和暖风性能参数检测

（1）出风口制冷温度和湿度检测

① 出风口制冷温度检测。汽车空调控制面板和出风口如图 4-7 所示。检测汽车空调出风口制冷温度之前，要操作空调控制面板，将空调设置到最大制冷、风量最大、直吹的位置，并将所有的通风口打开，空气内循环，按下 AC 开关，全部车门关闭。将转速升到 3000r/min，把温度计插入直吹通风口 5cm 处测量空

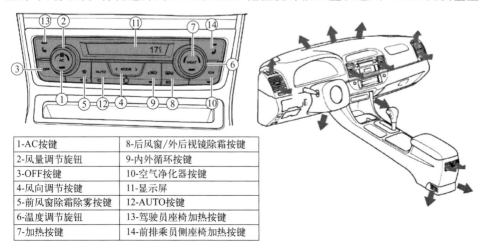

1-AC按键	8-后风窗/外后视镜除霜按键
2-风量调节旋钮	9-内外循环按键
3-OFF按键	10-空气净化器按键
4-风向调节按键	11-显示屏
5-前风窗除霜除雾按键	12-AUTO按键
6-温度调节旋钮	13-驾驶员座椅加热按键
7-加热按键	14-前排乘员侧座椅加热按键

图 4-7　汽车空调控制面板和出风口

调出风口温度 10min，如图 4-8 所示，如果温度计显示温度在 4～10℃，说明汽车空调出风口温度正常。

注：汽车空调出风口温度正常是 4～10℃，德系、美系车在 8℃ 以下，韩系、日系车在 10℃ 以下算正常。

图 4-8　检测空调出风口制冷温度

空调出风口温度高，会使车内人员感受不到清爽的凉风。出风口温度高可能的故障部位/原因：

a. 被切换到外循环。

b. 环境温度过高。

c. 外循环风门卡滞，关闭不严。

d. 内外循环电机故障。

e. 温度控制机构异常。

f. 温度控制电机异常。

g. 阳光传感器异常。

h. 空调控制模块异常。

② 出风口制冷湿度检测。可用温度、湿度检测仪检查汽车空调出风口的湿度，常见的温度、湿度检测仪如图 4-9 所示。

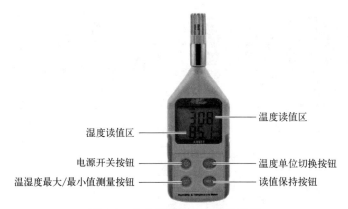

图 4-9　常见的温度、湿度检测仪

(2) 出风口暖风温度和湿度检测

出风口暖风温度检测与出风口制冷温度检测方法类似，只是空调制暖时，进风口温度减去出风口温度应大于 16℃。

出风口暖风湿度检测与出风口制冷湿度检测方法也类似。

(3) 风速检测

空调出风口风速检查。将空调温度调到最低，风量调到最大，使所有出风口全开，并切换至再循环空气模式，检查出风口气流的强弱，如图 4-10 所示，测得该车空调出风口风速为 4.43m/s。

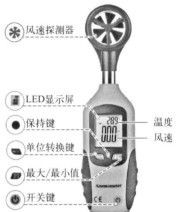

图 4-10　检查空调出风口风速

空调出风口风速小，会使车内人员感受不到清爽的风，空调出风口风速小的主要原因如下：

① 仪表台出风口堵塞。
② 仪表台出风口风道漏风。
③ 风向控制机构异常。
④ 风向控制电机异常。
⑤ 鼓风机转速低。
⑥ 鼓风机调速模块异常。
⑦ 空调管路结冰。
⑧ 空调控制模块异常。

(4) 制冷管路压力检测

空调制冷系统有高压端压力和低压端压力，在空调工作正常时，高、低压端压力应符合要求，否则说明有故障，在日常检修中可先对空调制冷系统进行压力检测来判断可能的故障部位。

空调制冷系统压力的检测步骤：

① 安装歧管压力表组（图 4-11）。

图 4-11　安装歧管压力表组

a. 找到车上低压侧和高压侧维护阀。

b. 把软管的一端和歧管压力表相连，另一端和车辆侧的连接口相连，如图 4-12 所示。注意：将低压维修阀与低压侧软管连接，高压维修阀与高压侧软管连接。

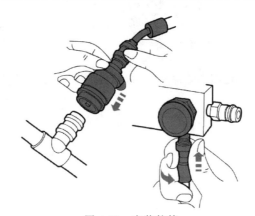

图 4-12　安装软管

② 压力检测。压力检测是用歧管压力表查找故障部位的方法，其前提条件是：鼓风机转速处于高速状态；温度控制开关置于最冷位置，具体操作如下。

a. 将歧管压力表连接在压缩机的高、低压检修阀上。

b. 打开空调，启动压缩机。

c. 温度键置于 COOL 位置，风扇转速处于最高挡位置。

d. 观测高低压表的数值，此时高压表值应为 1.2～1.7MPa，低压表值应为 0.2～0.4MPa。

③ 空调制冷系统高、低压结果分析。

a. 压力表的高、低压侧压力读数均很低，说明制冷剂不足。如空调系统工作一段时间后出现此现象，可能是系统内某处出现泄漏，必须找出漏点并加以排除。

b. 压力表的高、低压侧压力读数均过高，很可能是制冷剂过多引起的，应从低压侧放出一部分制冷剂，直到压力表显示规定压力为止。

c. 经上述方法排除后，高、低压侧压力还是大，可能是加注制冷剂过程中没有将空气抽尽，系统内有空气。清洁冷冻润滑液，重新加注制冷剂。

d. 压力表的低压侧读数偏高，高压侧读数偏低，如调高空调温度，高低压变化都不大。这种情况一般是压缩机工作不良造成的，应检查压缩机内阀片是否损坏，活塞及环是否磨损，并予以排除。

e. 压力表读数中低压侧出现真空，高压侧压力过低。出现这种情况一般是因为膨胀阀感温包内的制冷剂完全泄漏，使膨胀阀打不开，制冷剂不流动，系统不能制冷。排除的办法是更换或拆修膨胀阀。

④ 检测完毕后，关闭空调，卸掉压力表组，把检修阀的护帽旋回。

(5) 制冷剂泄漏检测

汽车空调制冷系统常用的检漏方法有：外观检漏、肥皂泡检漏、染料检漏、电子检漏仪检漏、真空检漏、压力检漏等。

① 外观检漏。制冷剂泄漏严重时往往会渗出冷冻油，若发现在某处有油污渗出，可进一步用清洁的白纸擦拭或用手直接触摸检查。如仍有油冒出，则可能有渗漏。

② 肥皂泡检漏。在电子检测仪很难进入的漏点，要想确定泄漏的准确位置，可采用肥皂泡检漏。将全部接头或可疑区段抹上肥皂液，观察肥皂泡的出现情况，肥皂泡形成处就是漏点所在，如图 4-13 所示。

图 4-13 肥皂泡检漏

③ 荧光剂或染料检漏。将荧光剂加入空调系统（加注方法与加注冷冻油相同），使空调运转，打开荧光电筒，若空调系统有泄漏，可看见泄漏处有荧光渗漏，如图 4-14 所示。

④ 电子检漏仪检漏较为普遍，电子检漏仪检漏参见图 4-15。

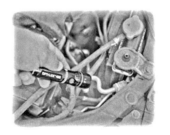

图 4-14 荧光剂检漏

图 4-15　电子检漏仪检漏

4.2.4　空调系统故障诊断

空调系统故障症状及可疑故障部位见表 4-6。

表 4-6　空调系统故障症状及可疑故障部位

症状	可疑	症状	可疑
空调系统所有功能失效	空调控制器	制冷系统工作不正常(实际温度与设定温度有偏差)	线束和连接器
	面板电源电路	鼓风机不工作	鼓风机保险
	线束或连接器		鼓风机继电器
仅制冷系统失效(鼓风机工作正常)	压力传感器		鼓风机
	压力温度传感器		调速模块
	空调保险(四合一内部)		空调控制器
	电动压缩机		线束或连接器
	线束或连接器	鼓风机风速不可调(鼓风机工作正常)	鼓风机调速模块
	管路制冷剂(冷媒)量		空调控制器
制冷系统工作不正常(实际温度与设定温度有偏差)	各传感器(室内、室外温度传感器)		线束或连接器
	空调控制器		空调面板

(1) 空调制冷功能不正常故障诊断与分析

比亚迪 e5 空调制冷系统电路图如图 4-16 所示。

空调制冷功能不正常故障诊断步骤如图 4-17 所示。

(2) 内外循环调节失效故障诊断与分析

比亚迪 e5 空调系统内外循环工作电路如图 4-18 所示。

比亚迪 e5 空调系统内外循环调节失效故障诊断步骤如图 4-19 所示。

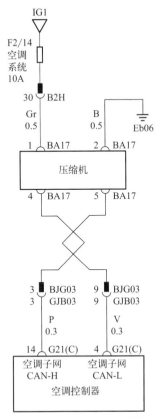

图 4-16 比亚迪 e5 空调制冷系统电路图

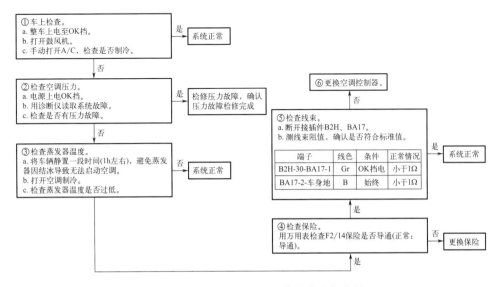

图 4-17 空调制冷功能不正常故障诊断步骤

图 4-18 比亚迪 e5 空调系统内外循环工作电路

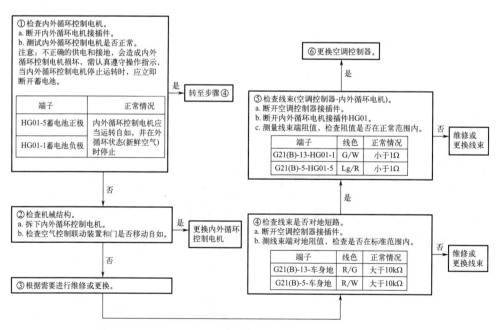

图 4-19 比亚迪 e5 空调系统内外循环调节失效故障诊断步骤

4.3 实践出真知-检修汽车空调系统

4.3.1 案例一

4.3.1.1 情景描述

客户小李开着一辆新能源汽车几何 A Pro 到 4S 店，据他描述，他的新能源汽车使用了 5 年，车辆出现正常上高压电后，仪表 READY 指示灯点亮，打开空调 AC 开关，AUTO 模式，出风口未感觉到有冷风，无法制冷。作为一名新能源汽车维修人员，如何对新能源汽车空调系统进行故障分析与诊断？

4.3.1.2 准备工作

① 工具准备。绝缘垫、绝缘鞋、绝缘手套、安全帽、护目镜等安全防护用品，拆装专用工具，电工胶布。

② 实训车辆。吉利几何 A-PRO。

③ 辅助资料。维修手册、电路图、教材。

4.3.1.3 任务实施

(1) 验证故障现象

按下智能钥匙开锁键，打开车门，将智能钥匙放在中央扶手储物盒，按下启动开关（图 4-20），组合仪表点亮，低压用电设备正常上电工作。踩下制动踏板，按下启动开关，组合仪表 READY 指示灯点亮，上高压电。按下空调 AC 开关，选择 AUTO 模式，将风量调至最大，出风口未感觉到有冷风，用空调温度计检测空调出风口的温度（图 4-21），温度较高且没有温度下降的过程，无法制冷。

图 4-20 启动按钮置于"ON"状态

图 4-21 检测出风口温度

(2) 推测可能原因

车辆能够上高压电，仪表无故障指示灯亮，但空调出风口无冷风。通过对空调制冷系统结构及工作原理的分析，常见的故障原因主要有以下几个：

① 空调电动压缩机元件本身及相关线束故障。

② 空调压力开关元件本身及相关线束故障。

③ 蒸发箱温度传感器元件本身及相关线束故障。

④ 制冷剂泄漏。

图4-22为空调系统压缩机电路图。

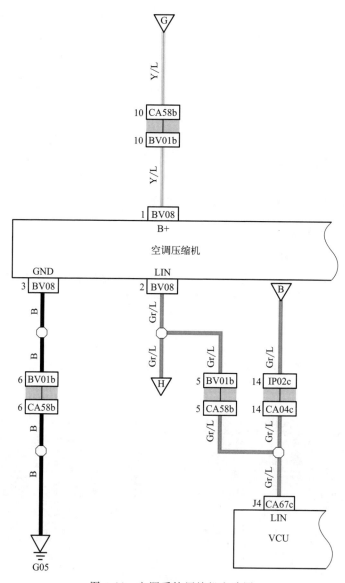

图4-22 空调系统压缩机电路图

（3）确认故障原因

连接故障诊断仪，读取故障码及数据流，故障码显示空调压缩机故障。通过对空调系统相关电路分析，打开室外熔断器保险丝盒，找到 EF06 保险丝，用万用表进行检测，经检测，保险丝完好。结合自动空调系统电路，在新能源汽车整车在线检测实训平台上检测空调压缩机 BV08/2-LIN 线束，经检测空调压缩机 BV08/2-LIN 线束断路。如图 4-23 所示。

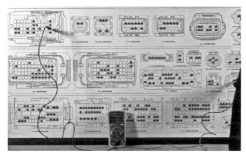

图 4-23　故障确认检测

（4）标准作业维修

按照维修手册标准作业流程，断开电源，更换新连接线束，并固定相关线束。修复故障点后，连接故障诊断仪，重新读取故障码及数据流，确保无故障码，如图 4-24 所示。

图 4-24　更换线束后无故障码

(5) 确认故障排除

正确连接低压电源，踩下制动踏板，按下启动开关，启动空调 AC 开关，选择 AUTO 模式，汽车空调出风口的出风正常，空调制冷系统正常工作，故障清除。

(6) 按照 7S 要求整理施工现场

4.3.2 案例二

4.3.2.1 情景描述

客户小李开着一辆新能源汽车几何 A Pro 到 4S 店，据他描述，他的新能源汽车使用了 5 年，车辆出现正常上高压电后，仪表 READY 指示灯点亮，打开空调 AC 开关，调节 HEAT 键到最高的制热温度，出风口有风但无热风，无法制热。作为一名新能源汽车维修人员，如何对新能源汽车空调系统进行故障分析与诊断？

4.3.2.2 准备工作

① 工具准备。绝缘垫、绝缘鞋、绝缘手套、安全帽、护目镜等安全防护用品，拆装专用工具，电工胶布。

② 实训车辆。吉利几何 A-PRO。

③ 辅助资料。维修手册、电路图、教材。

4.3.2.3 任务实施

(1) 验证故障现象

按下智能钥匙开锁键，打开车门，将智能钥匙放在中央扶手储物盒，按下启动开关（图 4-25），组合仪表点亮，低压用电设备正常上电工作。踩下制动踏板，按下启动开关，组合仪表 READY 指示灯点亮，上高压电。按下空调 AC 开关，选择 AUTO 模式，调节 HEAT 键到最高的制热温度，发现出风口有风但无热风，用空调温度计检测空调出风口的温度（图 4-26），没有升温变化的过程。

图 4-25　启动按钮置于"ON"状态

图 4-26　检测出风口温度

（2）推测可能原因

故障症状为当车辆能够正常上高压电后，仪表无故障灯点亮，空调出风口有风但无热风。连接故障诊断仪，读取故障码及数据流，故障码显示 PTC 加热控制器通信丢失，经过对数据流的分析，发现 PTC 加热控制器及其线路存在故障。分析空调热交换控制电路（图 4-27），常见的故障原因主要有：PTC 加热控制器本身及线束故障、通信 LIN 线断路或信号缺失故障。

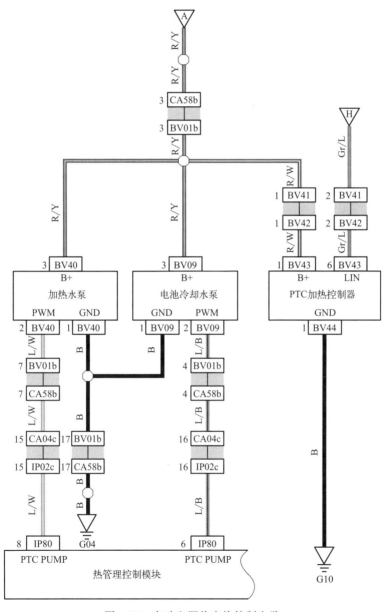

图 4-27　自动空调热交换控制电路

(3) 确认故障原因

连接故障诊断仪，读取故障码及数据流，故障码显示 PTC 加热控制器通信丢失。通过对空调加热系统相关电路分析，打开室外熔断器盒，找到 EF26 保险丝，用万用表进行检测，经检测，保险丝完好。结合自动空调系统电路，在新能源汽车整车在线检测实训平台上检测 PTC 加热器 BV43/6-LIN 线束，经检测 PTC 加热器 BV43/6-LIN 线束断路。如图 4-28 所示。

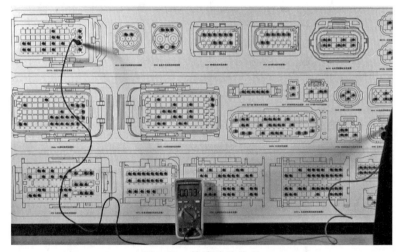

图 4-28　故障确认检查

(4) 标准作业维修

按照维修手册标准作业流程，断开电源，更换新连接线束，并固定相关线束。修复故障点后，连接故障诊断仪，重新读取故障码及数据流，确保无故障码，图 4-29 所示。

(5) 确认故障排除

正确连接低压电源，踩下制动踏板，按下启动开关，启动空调 AC 开关，选择 AUTO 模式，调节 HEAT 键到最高的制热温度，汽车空调出风口的热风正常，空调制热系统正常工作，故障清除。

(6) 按照 7S 要求整理施工现场

图 4-29 更换线束后无故障码

4.3.3 案例三

4.3.3.1 情景描述

客户小李开着一辆新能源汽车几何 A Pro 到 4S 店，据他描述，他的新能源汽车使用 5 年了，车辆出现正常上高压电后，仪表 READY 指示灯点亮，打开空调 AC 开关，出风口无风，无法制冷。作为一名新能源汽车维修人员，如何对新能源汽车空调系统进行故障分析与诊断？

4.3.3.2 准备工作

① 工具准备。绝缘垫、绝缘鞋、绝缘手套、安全帽、护目镜等安全防护用品，拆装专用工具，电工胶布。

② 实训车辆。吉利几何 A-PRO。

③ 辅助资料。维修手册、电路图、教材。

4.3.3.3 任务实施

(1) 验证故障现象

按下智能钥匙开锁键，打开车门，将智能钥匙放在中央扶手储物盒，按下启动开关（图 4-30），组合仪表点亮，低压用电设备正常上电工作。踩下制动踏板，按下启动开关，组合仪表 READY 指示灯点亮，上高压电。按下空调 AC 开关，将风量调至最大，手拿纸条观察出风口出风量（图 4-31），经过观察，纸条没有丝毫动作，空调出风口没有出风，无法制冷。

(2) 推测可能原因

故障症状为当车辆能够正常上高压电时，仪表无故障灯点亮，空调出风口无冷风。连接故障诊断仪，读取故障码及数据流，故障码显示鼓风机故障、电机水泵信号开路。分析自动空调压力开关、鼓风机电路（图 4-32），可能的原因如下：

图 4-30 启动按钮置于"ON"状态

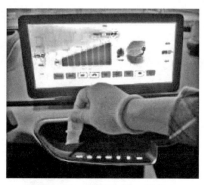

图 4-31 检测出风口风量

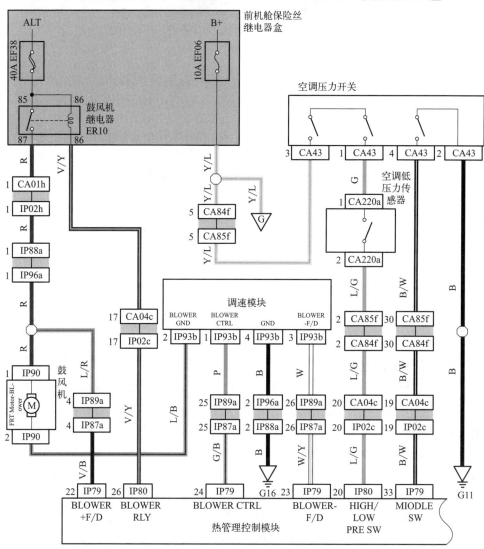

图 4-32 自动空调压力开关、鼓风机电路

① 鼓风机本身及线束故障。
② 电动水泵本身及线束故障。
③ 通信线断路或信号缺失。

(3) 确认故障原因

通过对空调系统鼓风机相关电路分析，打开室外熔断器盒，找到鼓风机继电器 ER10，用电阻法检测继电器（图 4-33），经检测，继电器损坏，导致鼓风机线路故障，引起鼓风机不工作，出风口不出风，无法制冷。

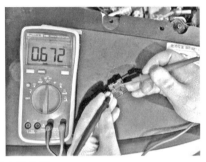

图 4-33　继电器检测

(4) 标准作业维修

按照维修手册标准作业流程，断开电源，更换新继电器，如图 4-34 所示。

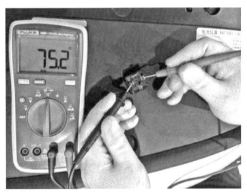

图 4-34　更换新继电器

(5) 确认故障排除

正确连接低压电源，踩下制动踏板，按下启动开关，启动空调 AC 开关，选择 AUTO 模式，汽车空调出风口的出风量正常，故障清除。

(6) 按照 7S 要求整理施工现场

4.4 游刃有余

一、单选题

1. 下列哪个选项不属于汽车暖风系统的功能？（　　）

A. 与蒸发器一起共同将空气调节到使人感到舒适的温度

B. 在寒冷的冬季向车内供暖，提高车内空气的温度

C. 当车窗结霜，影响驾驶人和乘客的视线，不利于行车安全时，可通过采暖装置吹出热风来除霜

D. 压缩机是空调的动力源

2. 不属于新能源汽车暖风加热方式的是（　　）。

A. 利用冷却液的热量加热

B. PTC 加热器的加热方式

C. 加热丝加热冷却液的方式

D. 暖风系统的热泵实现方式

3. 在检查电路的端子时，最常用到的工具是（　　）。

A. 试灯　　　　B. 电流钳　　　　C. 万用表　　　　D. 示波器

4. 下面对于新能源汽车冷却系统叙述错误的是（　　）。

A. 压缩机与蒸发器之间的管路为低压侧，压缩机与冷凝器之间的管路为高压侧

B. 压缩机与冷凝器之间的温度最高

C. 冷却系统有三个热交换器

D. 干燥器的作用是过滤水分、杂质

5. 下面说法不正确的是（　　）。

A. 冷凝器的作用是对压缩机排出的高温高压制冷剂蒸气进行冷却，使之凝结成高温高压液体。制冷剂蒸气放出的热量排到大气中

B. 储液干燥器作用是存储制冷剂、过滤杂质和吸收水分

C. 蒸发器是汽车空调制冷系统中的另一个热交换器

D. 比亚迪 E6 空调高压压力的正常值的范围是 1.27～1.67MPa

二、判断题

1. 用户可以调节鼓风机风量大小，根据自己的意愿使送风量达到合适的状

态。可增加风量，减小风量。（   ）

2. 少数纯电动汽车的空调暖风开关的设计都集中在一个操控面板上，这样不仅节省了仪表台的空间，还有利于用户进行自主切换。（   ）

3. 新能源汽车送风系统与传统汽车基本相似，空气通过蒸发器和热交换器形成冷风或暖风，根据用户的需要输送到指定出风口。（   ）

4. 传统汽车与新能源汽车在空调压缩机上是有区别的，最主要的区别在于压缩机的驱动方式不同，新能源汽车的压缩机采用电驱动的方式，传统的燃油车绝大多数采用的是传动带驱动。（   ）

5. 新能源汽车在暖风实现的形式上，通常是利用电加热的方式来产生暖风。传统的燃油车通常是利用冷却液作为热源来产生暖风。（   ）

4.5 行业典范

华域三电姚奕

1996年离开大学校园后，姚奕加入了华域三电，在汽车空调压缩机开发设计领域，一干就是二十多年。这二十多年里，他深耕汽车"冷暖"，不仅为公司探索先进技术、开发前沿产品，还与同事们一起不断攀登技术高峰、突破创新瓶颈，引领公司加快新能源汽车产业化进程、推动企业深化战略转型，取得累累硕果。

国内第一款热泵空调箱的诞生

新能源浪潮滚滚而来，客户对车载空调的需求也随着时代更迭而改变。姚奕深知，不断迭代创新满足客户需求，是华域三电在车载空调市场的立足之本。

国内第一款热泵空调箱就是华域三电为满足客户需求而研发的产品。燃油车时代，汽车在冬季采暖依靠发动机废热。到了电动汽车时代，电加热成为不少厂商的解决方案。但是，电加热的能效比极低，会严重影响汽车在冬季的续航里程，成为整车厂的一大痛点。为了解决这个痛点，姚奕与空调系统技术团队的同事们一起制订计划、研讨技术、设计试验，萌发了热泵空调箱的灵感。

"热泵"的概念类似水泵。自然界中，水往低处流，依靠水泵可以实现水从低处向高处流动。热量从高温向低温物体传递，能否设计一款"热泵"，在冬季把外界的热量逆向传递至车内？

创新的理念让华域三电的空调采暖技术获得了飞跃性的提高。相比电加热技术不可能超过 1 的能效比（可以理解为空调搬运热量的效率），热泵技术的能效比能达到 3~5，空调箱的效能系数比电加热高出 2~3 倍，能提升整车在冬季 15%~30% 的续航里程。

主导国标制订

然而，汽车空调压缩机转向电驱动，绝非把家用空调"移植"过来这么简单。

"由于应用场景不同，家用空调往往在重量、体积上没有很大限制，工作环境相对稳定；车载空调则要尽可能小型化、轻量化、环保化，耐温性能方面还得保证空调在－40~120℃的巨大温差范围内都能稳定工作。"姚奕表示，"一个小小的车内空间对空调的热能需求，相当于一个 30~40m^2 的房间的室内空调的能力。"

于是，姚奕带领着电动压缩机技术团队，通过内引外联、整合资源，集聚了一批芯片、控制、电机、通信等领域的人才，突破了诸多空调领域的专利封锁，以及从家用到车载的技术壁垒，成功开发出电动压缩机。

2012 年，随着纯电动汽车荣威 E50 上市，华域三电在国内率先实现了电动压缩机的批量应用。如今，由于产品性能卓著，华域三电的电动压缩机已经扩展到国内多个汽车品牌，配套多种车型。

既深入开发一线，又直面市场声音；既打造了专利体系，又建设了人才梯队。在华域三电的技术创新篇章中，姚奕留下了浓墨重彩的一笔。"道阻且长，行则将至；行而不辍，未来可期。"回顾多年来的职业生涯，每每遇到新的挑战，姚奕总是以这句座右铭鞭策自己，也将继续指引他在汽车空调压缩机发展的道路上探索下去。

任务五

汽车电动座椅系统的检测与维护

任务导读

很多驾驶员在开车之前,经常会忽略先行调整驾驶员座椅的位置。其实,正确的驾驶姿势可以有效保障驾驶员的安全,若是座椅位置不合适,就会影响驾驶员视线和操控的灵敏度,甚至导致交通事故,伤害到自己和他人。

因此,开车前的第一件事就是要调整好驾驶员座椅的前后位置、高度位置、靠背位置。正确的座椅位置应调整到驾驶员的视线不会被转向盘挡住,并可以清楚地看见道路、汽车仪表、路面标志等。现代汽车座椅系统除了必须满足安全法规要求外,在舒适性方面也得到了大幅度提升,具备多向调节、座椅加热、座椅通风、座椅按摩、座椅位置记忆等功能。

本任务通过检修座椅控制系统,使学生能够掌握座椅控制系统的作用、组成、工作原理与常见故障维修。

任务引入

一位吉利4S店的维修接待人员收到车主反映:车辆启动开关打开后,当他调节主驾座椅时,无论是调节座椅前后位置、高度位置还是靠背位置,座椅均无任何反应。那么,你知道这种情况可能的故障原因是什么吗?

知识目标

1. 了解座椅系统的作用。
2. 熟悉座椅系统的组成和工作原理。
3. 掌握座椅系统常见故障的诊断与排除方法。

技能目标

1. 能够描述座椅系统工作原理。

2. 能够识读和分析座椅系统电路图。
3. 能够检修座椅系统的常见故障。

🌐 素质目标

1. 增强专业精神：培养实事求是的态度和较强的岗位责任感，确保在座椅控制系统的故障诊断过程中，严格按照标准操作规程进行，保证诊断的准确性和可靠性。

2. 弘扬劳模精神：学习和借鉴模范工人的敬业精神，激励团队成员在工作中不断进取，追求卓越，力求将每一个细节做到最好。

3. 提升团队合作能力：通过实际操作任务，培养团队成员的协作精神，提升沟通和协调能力，使团队能够高效地完成座椅控制系统的故障检测和维修工作。

4. 加强安全意识：在故障诊断和维修过程中，严格遵守安全操作规范，增强安全防护意识，确保人员和设备的安全，减少工作中的安全隐患。

5.1 任务工单-检修电动座椅系统

5.1.1 团队协作

以 3~5 人为一组,选出组长并进行任务分工,将小组概况及分工情况填入表 5-1 中。

表 5-1 学生分组情况

班级: 　　　　　组号: 　　　　　指导老师:

小组成员	姓名	学号	任务分工
组长			
组员			

5.1.2 搜寻探索

在进行实际操作前,需要掌握座椅系统的相关知识。请各组组长组织组员收集相关资料,回答下列问题。

- 问题一: 汽车座椅系统的作用是什么?

- 问题二: 汽车座椅系统一般由哪些部件组成?

- 问题三: 汽车座椅系统如何实现前后、升降、靠背倾斜调节?

5.1.3 任务筹划

在明确任务内容的情况下，根据实际情况，在表 5-2 中写出车辆信息及所需的工具、设备、资料。

表 5-2 车辆信息及所需的工具、设备、资料

车辆信息	车型	VIN 码	行驶里程
工具、设备、资料			

在进行实际操作前做好现场防护，并将现场防护措施填入表 5-3 中。

表 5-3 现场防护措施

个人防护	
设备安全防护（车辆或台架）	
场地安全防护	

5.1.4 稳步推进

在实训室，对一辆汽车的座椅系统进行检查，找出故障点并排除，将整个操作步骤填入表 5-4 中。操作步骤应符合该车辆维修手册的规定。

表 5-4 操作步骤

序号	任务点	工作内容	
1	进行工作准备与安全防护		
2	检查座椅系统	前后调节是否正常？	是□ 否□
		升降调节是否正常？	是□ 否□
		靠背倾斜调节是否正常？	是□ 否□
		加热功能是否正常？	是□ 否□
		通风功能是否正常？	是□ 否□
		座椅控制系统部位是否损坏？ 是□（具体缘由： ）否□	
3	故障诊断与排查	检查座椅系统熔断器：	
		检查座椅系统开关：	
		检查座椅系统电机：	
		检查座椅系统线束及连接插件：	

续表

序号	任务点	工作内容
4	整理现场	

5.1.5 考核评价

各组展示任务完成情况，并配合指导教师完成如表 5-5 所示的考核评价表。

表 5-5 考核评价表

项目名称	评价内容	分值	评价分数		
			自评	互评	师评
职业素养考核项目 40%	穿戴规范、整洁	6 分			
	安全意识、责任意识、服从意识强	6 分			
	积极参加教学活动，按时完成任务工单	10 分			
	团队合作、与人沟通能力	6 分			
	遵守劳动纪律	6 分			
	维修场地、设备等整洁	6 分			
专业能力考核项目 60%	专业知识查找及时、准确	12 分			
	操作符合规范	18 分			
	操作熟练，工作效率高	12 分			
	任务完成度高	18 分			
合计		100 分			
总评	自评(20%)＝互评(20%)＋师评(60%)＝_____	综合等级	指导老师(签名：_____)		

5.1.6 收获分享

5.2 博观约取

5.2.1 座椅系统的作用与组成

(1) 座椅系统的作用

汽车座椅的主要功能是为驾驶员及乘员提供便于操作、舒适又安全、不易疲劳的驾乘位置。调节座椅的目的是使驾驶员和乘员乘坐舒适,通过调节还可以改变坐姿,减少乘员长时间乘车的疲劳。

电动座椅是以电机为动力,通过传动装置和执行机构来调节座椅的各种位置,使驾驶员或乘员乘坐舒适。座椅系统的安全性、舒适性、操作性日益提高,其具有多种调节功能:座椅前后调节、上下调节、靠背倾斜调节、侧背支撑调节、腰椎支撑调节,及靠枕上下、前后等方向调节。

现代的汽车座椅系统很多具有记忆功能,它能把驾驶员调好的座椅位置靠计算机存储下来,以作为以后调节的依据。驾驶员需要调节时,只要按下座椅记忆按钮即可自动调节到最佳的位置。图 5-1 为吉利几何 A Pro 车型座椅图。

图 5-1 吉利几何 A Pro 车型座椅图(实车拍摄)

(2) 座椅系统的组成

电动座椅分解图如图 5-2 所示。电动座椅一般由电动座椅座垫、电动座椅靠背、电动座椅调节开关、电动座椅滑轨电机、电动座椅升降电机、电动座椅调角器电机、传动机构、位置传感器和控制电路等组成。

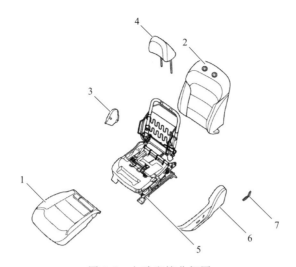

图 5-2 电动座椅分解图

1—电动座椅座垫；2—电动座椅靠背；3—电动座椅右侧装饰板；4—头枕；
5—电动座椅支架；6—电动座椅左侧装饰板；7—电动座椅调节开关

电动座椅的电机及开关组成如图 5-3 所示，通过座椅调节开关可以对座椅前后、座垫上下、靠背的前后倾斜进行电动调整。

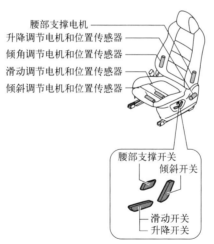

图 5-3 电动座椅的电机及开关组成

① 座椅调节电机。电机的数量取决于电动座椅的类型，通常两向移动座椅装有 1 个电机，四向移动座椅装有 2 个电机，最多可达十几个电机。大多数电动座椅使用永磁式电机，通过开关来操纵电机，使电机按不同方向旋转。

所有的座椅电机都独立工作，为防止电机过载，各电机都包括一个电子断路器（PTC）。该断路器在电路过载的情况下断开，在过载热效应消失（即过载产生的温度冷却下来）后自动恢复。

② 电动座椅调节器开关。座椅调节器开关为所选座椅电机提供电源和接地电路，驱动电机进行调节。

③ 传动机构。电机通过传动机构的运动改变座椅的空间位置。

a. 高度调整机构：高度调整机构由蜗杆轴、蜗轮、芯轴等组成。调整时，蜗杆轴在电机的驱动下，带动蜗轮转动，从而保证芯轴旋进或旋出，实现座椅的上升与下降。

b. 纵向调整机构。纵向调整机构由蜗杆、蜗轮、齿条、导轨等组成。调整时，电机转矩经蜗杆传至两侧的蜗轮，经导轨上的齿条，带动座椅前后移动。

④ 控制电路。吉利几何 A Pro 电动座椅电路图如图 5-4 所示，通过电动座椅调节开关改变电机电流的方向，以实现座椅各个方向的调整。

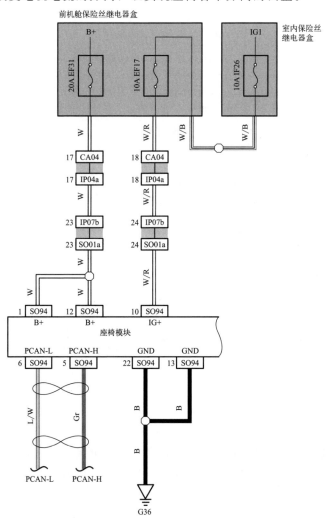

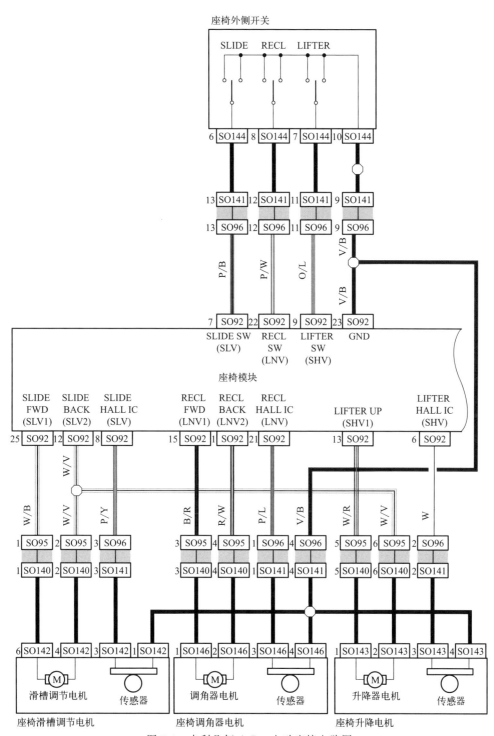

图 5-4 吉利几何 A Pro 电动座椅电路图

5.2.2 座椅系统的工作原理

(1) 座椅系统的调节

吉利几何 A Pro 某配置车型共有 3 个座椅调节电机，分别是前后调节电机、高度调节电机和靠背调节电机。前后调节电机使整个座椅向前和向后移动；高度调节电机可以使整个座垫向上或者向下移动；靠背调节电机使座椅靠背前倾或者后倾。电动座椅调节开关有的安装在汽车车门内饰板上，有的安装在汽车座椅旁边，方便驾驶人或者乘员操纵。吉利几何 A Pro 车型电动座椅调节开关如图 5-5 所示。

图 5-5　吉利几何 A Pro 车型电动座椅调节开关图

① 前后位置调节。当操作座椅调节开关使整个座椅向前移动时，蓄电池正极电压通过开关触点和前后调节电机向前控制电路施加至电机，电机通过前后调节电机向后开关触点和前后调节电机向后控制电路接地。电机运行以驱动整个座椅向前移动，直到开关松开。向后移动整个座椅和向前移动整个座椅的操作过程类似，不同的是，蓄电池正极电压和接地通过相反的电路施加在电机上，从而使电机反向运转。

滑道移动范围：滑道前后滑动总行程为 220mm。水平调节电机参数如表 5-6 所示。

表 5-6　水平调节电机参数

项目	参数	测试条件
空载电流	≤3A	13.5V DC 0Ω
堵转电流	≤19A	13.5V DC 0Ω
工作电压	9～16V（额定 13.5V）	—
工作电流	实际数值随蓄电池电压和负载状态的变化而变化（额定 7A 左右）	13.5V DC 0Ω

② 高度位置调节。当操作座椅开关使整个座垫向上移动时，蓄电池正极电压通过高度调节电机向上开关触点以及高度调节电机向上控制电路施加在高度调

节电机上，通过向下开关触点以及高度调节电机向下控制电路接地。高度调节电机驱动整个座椅向上移动，直到开关松开。向下移动整个座椅和向上移动整个座椅的操作过程类似，不同的是，蓄电池正极电压和接地通过相反的电路施加在电机上，从而使电机反向运转。

高度调节电机参数如表 5-7 所示。

表 5-7　高度调节电机参数

项目	参数	测试条件
空载电流	≤3.5A	13.5V DC 0Ω
堵转电流	≤20A	13.5V DC 0Ω
工作电压	9~16V（额定 13.5V）	—
工作电流	实际数值随蓄电池电压和负载状态的变化而变化（额定 6A 左右）	13.5V DC 0Ω

③ 靠背位置调节。当操作座椅靠背调节开关使座椅靠背向前倾斜时，蓄电池正极电压通过开关触点和靠背调节电机向前控制电路施加到电机上，电机通过向后开关触点和靠背调节电机向后控制电路接地。电机运行，使座椅靠背向前倾斜，直到开关松开。向后倾斜座椅靠背和向前倾斜座椅靠背的操作过程类似，不同的是蓄电池正极电压和接地通过相反的电路施加在电机上，从而使电机反向运转。

靠背调节范围：从设计位置向前 36°，从设计位置向后 52°。角度调节电机参数如表 5-8 所示。

表 5-8　角度调节电机参数表

项目	参数	测试条件
空载电流	≤2.5A	13.5V DC 0Ω
堵转电流	≤15A	13.5V DC 0Ω
工作电压	9~16V（额定 13.5V）	—
工作电流	实际数值随蓄电池电压和负载状态的变化而变化（额定 6A 左右）	13.5V DC 0Ω

（2）座椅系统的电路图

吉利 A Pro 车型电动座椅电气原理示意图如图 5-6 所示。通过主驾座椅调节开关，发出高度、前后、靠背调节信号，并输入至电动座椅控制模块。电动座椅控制模块根据调节开关输入信号，向调节电机发出信号，从而驱动电机运转，实现座椅在高度、水平、角度方面的控制。

座椅位置传感器包括前后位置传感器、高度位置传感器、靠背位置传感器。其主要是采集座椅的具体位置，并把信息传递到记忆座椅 ECU。当记忆座椅 ECU 控制执行器让座椅恢复上次记忆位置时，座椅位置传感器判断是否到达记忆位置。

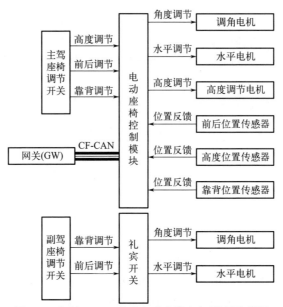

图 5-6 吉利 A Pro 车型电动座椅电气原理示意图

吉利 A Pro 车型电动座椅电路图如图 5-7 所示。

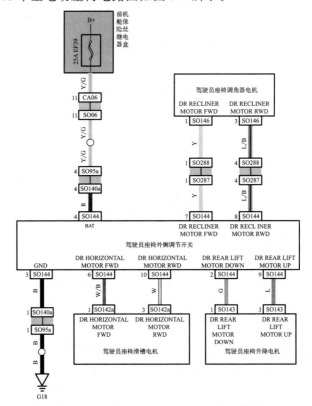

图 5-7 吉利 A Pro 车型电动座椅电路图

5.2.3 座椅系统常见故障的诊断

在对电动座椅系统的故障进行诊断前,须参见描述与操作,以及系统工作原理。了解和熟悉电动座椅系统的工作原理,然后再开始系统诊断,这样在出现故障时有助于确定正确的故障诊断步骤,更重要的是,这样有助于确定客户描述的状况是否属于正常现象。

对电动座椅系统的任何故障诊断都应该以常规检查为起点,指导维修员采取下一个逻辑步骤,进行故障诊断。理解并正确使用诊断流程可缩短诊断时间,并且可以避免对故障部位的误判。

(1) 电动座椅常见故障及可疑部位

汽车电动座椅系统常见故障及可疑部位如表 5-9 所示。

表 5-9　电动座椅系统常见故障原因及可疑部位

常见故障	可疑部位
所有电动座椅都不能动	电动座椅保险丝失效
	搭铁不良或搭铁线路断路
一个电动座椅不能动	该电动座椅的输入电源线路断路或接触不良
	该电动座椅的搭铁不良或线路断路
	开关失效
电动座椅不能升降	升降调节电机的连接线路故障
	升降调节电机故障
	开关失效
	传动装置失效
	调整不当
电动座椅不能前移或后移	前后调节电机的连接线路故障
	前后调节电机故障
	前后调节开关故障
	传动装置失效

(2) 电动座椅调节故障诊断分析

吉利帝豪 EV450 电动座椅调节故障诊断流程图如图 5-8 所示。

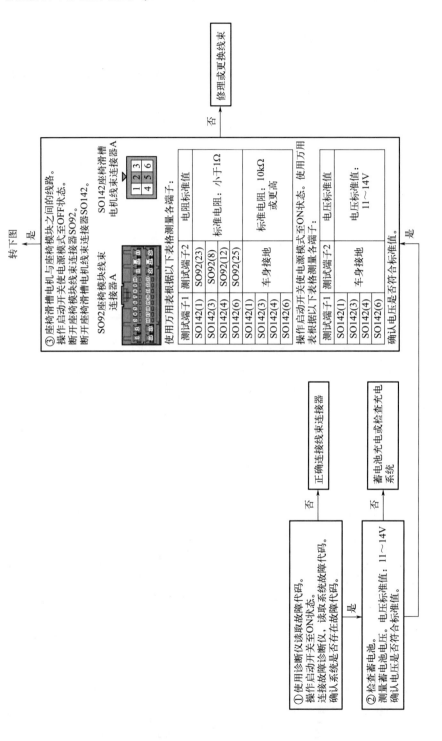

项目二 新能源汽车舒适系统故障诊断

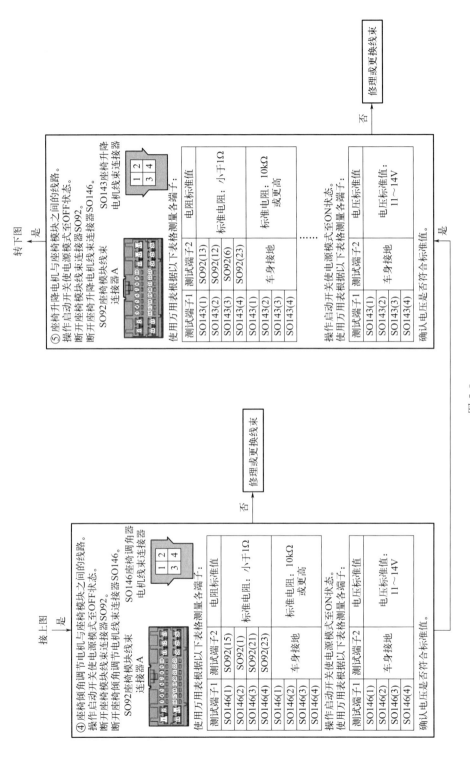

图 5-8

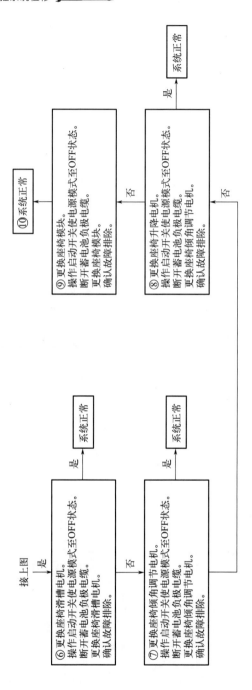

图 5-8 吉利帝豪 EV450 电动座椅调节故障诊断流程图

5.3 实践出真知-检修汽车电动座椅系统

5.3.1 情景描述

客户小李开着一辆新能源汽车几何 A Pro 到 4S 店，据他描述，他的新能源汽车使用了 5 年，车辆出现电动座椅调节失灵的现象。作为一名新能源汽车维修人员，如何对新能源汽车电动座椅系统进行故障分析与诊断？

5.3.2 准备工作

① 工具准备。绝缘垫、绝缘鞋、绝缘手套、安全帽、护目镜等安全防护用品，拆装专用工具，电工胶布。
② 实训车辆。吉利几何 A-PRO。
③ 辅助资料。维修手册、电路图、教材。

5.3.3 任务实施

（1）验证故障现象

按下智能钥匙开锁键，打开车门，将智能钥匙放在中央扶手储物盒，按下启动开关（图 5-9），组合仪表点亮，低压用电设备正常上电工作，但是按下电动座椅按钮（图 5-10），无任何反应。

图 5-9 电源启动按钮置于"ON"状态

图 5-10 按下电动座椅开关

（2）推测可能原因

故障症状为几何 A Pro 车辆可以上低压电，按下电动座椅按钮，无任何反应。根据该车型电动座椅系统电路图（图 5-11），推测可能原因：EF39 保险丝断路；电动座椅本身机械故障；电动座椅系统供电故障或接地故障；电动座椅系统线路断路。

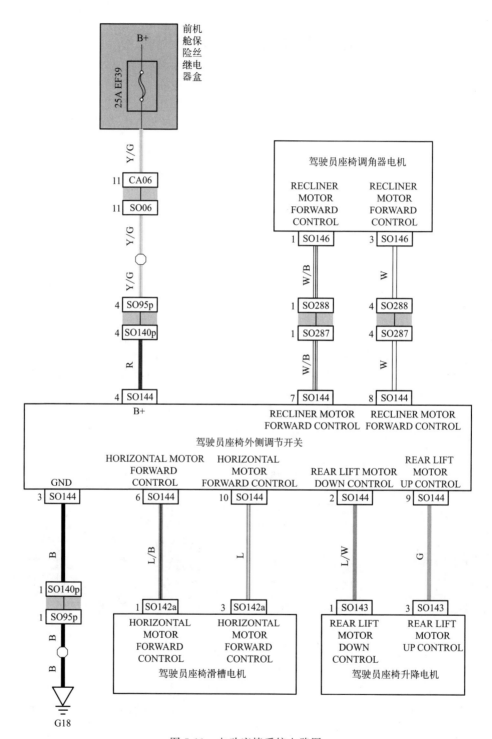

图 5-11 电动座椅系统电路图

(3) 确认故障原因

通过对电动座椅系统相关电路分析，打开室外熔断器盒，找到 EF39 进行检测（图 5-12），经检测，保险丝结果显示为 OL，检查座椅相关线束及接插件，判断故障原因为 EF39 烧断。

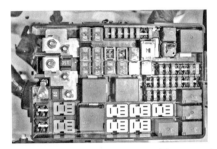

图 5-12　盒检测 EF39

(4) 标准作业维修

按照维修手册标准作业流程，断开电源，更换新连接线束，并固定电动座椅系统相关线束。

(5) 确认故障排除

正确连接低压电源，按下启动开关，按下电动座椅开关，座椅调节功能恢复正常。

(6) 按照 7S 要求整理施工现场

5.4　游刃有余

1. 电动座椅系统一般由哪些部分组成？（　　）

   A. 座椅调节开关　　　　　　B. 电动座椅 ECU

   C. 执行机构　　　　　　　　D. 位置传感器

2. 座椅位置的调整由双向调节电机实现，可以调节的区域有哪些？（　　）

   A. 前后　　　　　　　　　　B. 垂直

   C. 倾斜　　　　　　　　　　D. 头枕

   E. 腰垫

3. 座椅位置传感器包含哪些？（　　）

   A. 前后位置　　　　　　　　B. 高度位置

   C. 靠背位置　　　　　　　　D. 记忆座椅 ECU

4. 座椅完全不能动作，可能的故障原因有哪些？（　　）

   A. 熔断器熔断　　　　　　　B. 线束断路

C. 连接插件松动、脱落　　　　　D. 座椅调节开关故障

5. 座椅部分方向调节功能不能动作，可能的故障原因有哪些？（　　）

A. 调节电机损坏　　　　　　　　B. 线束断路

C. 连接插件松动、脱落　　　　　D. 座椅调节开关故障

5.5　行业典范

飞凡汽车——人体工学巴赫座椅

为精准"拿捏"中国人腰椎健康，飞凡汽车基于高端电动车座椅专属平台，结合中国人体格特征大数据，打造出"最懂国人腰椎健康"的人体工学巴赫座椅。在此基础上，飞凡 F7 通过视、听、触多维度的感官体验升级，构建起"同级最豪华舒适后排"。换言之，以巴赫座椅为核心的豪华舒适驾乘解决方案，才是飞凡 F7 能成为"30 万内最舒适轿车"的核心要素。

从"油"到"电"的变革，如何影响座椅设计？

从燃油车时代到新能源时代，纯电汽车的设计研发可不光是换个动力总成那么简单，这是一个系统性工程，很多看似无关的功能模块其实都存在着相互影响。例如，动力传动单元的变化会影响车身的设计方案，进而对座舱布局、座椅设计，以及整车人体工学等产生革命性影响。

为此，飞凡汽车专门开发了新能源专属的高端座椅平台，旨在最大限度挖掘新能源架构下的人机体验升级。首先是布局层面，基于纯电平台的飞凡F7有着3/5超高轴长比，座舱为纯平地板，并且躺式结构的电池包也进一步扩展座舱垂直空间，这种天然的宽奢座舱是燃油车没法做到的，同时也为飞凡汽车布局巴赫座椅创造了先决条件。

在技术细节方面，巴赫座椅不光具备超出国标30%的骨架刚性，还创新地采用齿条结构，进一步降低坐高，相比传统齿板，其结构坐高降低了28mm，配合模块化带来的强大功能拓展，包括加热、通风、按摩、电动腰托、电动腿托等功能升级，能让多种身形的乘员都能获得最佳躺平感。

任务六

汽车灯光系统故障诊断

任务导读

汽车灯光系统在现代汽车中起着至关重要的作用，它不仅关乎驾驶安全，还影响着车辆的性能和环保性。随着科技的不断进步，汽车灯光系统呈现出以下优势：

① 智能化。随着自动驾驶技术的兴起，汽车灯光系统将更加智能化。未来的汽车灯光系统将能够根据环境、天气、道路状况等因素自动调整灯光模式，提高驾驶安全性。

② 节能环保。汽车灯光系统将采用更高效、更环保的照明技术，如 LED 光源等，降低能耗。此外，新型照明技术还可以实现车灯的智能化控制，根据环境、天气、道路状况等因素自动调整灯光模式。

③ 集成化。未来汽车灯光系统将与其他车载功能模块（如信息娱乐、导航等）深度融合，实现一键控制、集中管理，提高用户体验。

④ 定制化与差异化设计。针对不同车型和消费者需求，汽车制造商将提供更多定制化、差异化的灯光设计方案，这将有助于提高车辆的安全性能和市场竞争力。

⑤ 互联网化。通过车联网技术，汽车灯光系统可以与云端服务相结合，实现远程控制、数据监测等功能，为用户提供更加便捷的服务。

⑥ 智能驾驶辅助功能。未来汽车灯光系统将集成更多智能驾驶辅助功能，如自适应远光、自动紧急制动等。这些功能将有助于提高驾驶安全性，减少交通事故的发生。

本任务通过检修灯光系统故障，使学生能够掌握照明系统的构造与常见故障维修方法。

任务引入

某日，一位吉利 4S 店的维修接待人员收到车主反映：当车辆行驶 8 万公里时，根据年检规定到汽车检测站进行年检，发现前照灯亮度比较弱，而且灯光往左偏，维修人员使用汽车前照灯检测仪对该车进行检测。那么，你知道这种情况可能的故障原因是什么吗？

知识目标

1. 掌握照明系统的作用、组成及原理。
2. 掌握各灯光的具体功用以及安装位置。
3. 掌握 LED 照明系统的特点及原理。

技能目标

1. 能够正确进行车灯操作以及检查。
2. 能够正确进行前照灯光束调整。
3. 能够正确进行前照灯、后尾灯灯泡拆装操作。
4. 能够正确进行前照灯总成（前组合灯）的拆装操作。
5. 能够正确查询前大灯控制电路图。
6. 能够正确进行后尾灯总成（后组合灯）的拆装操作。
7. 能够正确查询后尾灯（制动灯、倒车灯）控制电路图。
8. 能够正确进行灯光组合开关拆装及电路检测。
9. 能够正确对近光灯不工作、远光灯不工作、倒车灯不工作等故障进行诊断与分析，对相关线束、插接器、端子等引发的故障进行检修。
10. 作业结束后能够正确收集、清洁和整理工具，对工位进行 7S 操作。

素质目标

1. 提升安全意识：在灯光系统故障诊断过程中，严格遵守工作场所的法律法规和安全操作规范，确保操作安全，防止事故发生。
2. 团队合作能力：在需要时协助他人，提供帮助，培养良好的团队合作精神，确保诊断任务能够高效、顺利地完成。
3. 分析与解决问题的能力：能够合理分析和解决在诊断过程中遇到的问题，确保故障能够准确、及时地排除，提高工作效率。
4. 专业沟通与记录能力：理解和阅读相关工作文件，清晰简洁地书写报告，确保信息传递准确无误，提高专业沟通能力。

6.1 任务工单-检修灯光系统

6.1.1 团队协作

以 3～5 人为一组，选出组长并进行任务分工，将小组概况及分工情况填入表 6-1 中。

表 6-1 学生分组情况

班级：　　　　　组号：　　　　　指导老师：

小组成员	姓名	学号	任务分工
组长			
组员			

6.1.2 搜寻探索

在进行实际操作前，需要掌握灯光系统的相关知识。请各组组长组织组员收集相关资料，回答下列问题。

- 问题一：灯光系统由哪几部分组成？

- 问题二：前照灯清洗器由哪几部分组成？

- 问题三：根据电路图写出灯光系统的工作原理。

6.1.3 任务筹划

在明确任务内容的情况下，根据实际情况，在表 6-2 中写出车辆信息及所需的工具、设备、资料。

表 6-2 车辆信息及所需的工具、设备、资料

车辆信息	车型	VIN 码	行驶里程
工具、设备、资料			

在进行实际操作前做好现场防护，并将现场防护措施填入表 6-3 中。

表 6-3 现场防护措施

个人防护	
设备安全防护（车辆或台架）	
场地安全防护	

6.1.4 稳步推进

在实训室，对一辆汽车上的灯光系统进行检查，找出故障点并排除，将整个操作步骤填入表 6-4 中。操作步骤应符合该车辆维修手册的规定。

表 6-4 操作步骤

序号	任务点	工作内容	
1	进行工作准备与安全防护		
2	检查灯光系统	近光灯是否正常？	是□否□
		近光灯一侧亮？	是□否□
		远光灯是否正常？	是□否□
		远光灯一侧亮？	是□否□
		灯光系统其他部位是否损坏？ 是□（具体缘由： ）否□	
3	故障诊断与排查	检查灯光系统熔断器：	
		检查灯光系统继电器：	
		检查灯光开关：	
4	整理现场		

6.1.5 考核评价

各组展示任务完成情况，并配合指导教师完成如表 6-5 所示的考核评价表。

表 6-5 考核评价表

项目名称	评价内容	分值	评价分数		
			自评	互评	师评
职业素养考核项目40%	穿戴规范、整洁	6 分			
	安全意识、责任意识、服从意识强	6 分			
	积极参加教学活动，按时完成任务工单	10 分			
	团队合作、与人沟通能力	6 分			
	遵守劳动纪律	6 分			
	维修场地、设备等整洁	6 分			
专业能力考核项目60%	专业知识查找及时、准确	12 分			
	操作符合规范	18 分			
	操作熟练，工作效率高	12 分			
	任务完成度高	18 分			
合计		100 分			
总评	自评(20%)＋互评(20%)＋师评(60%)＝_____	综合等级	指导老师(签名：_____)		

6.1.6 收获分享

6.2 博观约取

6.2.1 认识灯光系统

(1) 灯光系统作用和类型

汽车照明系统是为提高车辆在黑夜、恶劣天气及复杂交通状况下的行车安全而设置的。汽车照明系统由电源、控制部分及照明装置等组成。前组合灯（远光灯、近光灯、前转向信号灯、前位置灯）和后组合灯（转向灯、刹车灯、倒车灯、后位置灯）如图 6-1 所示。

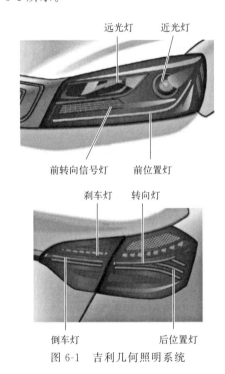

图 6-1 吉利几何照明系统

(2) 灯光系统的组成

灯光系统控制部分包括各种灯光开关、继电器等，吉利几何照明系统可分为室外照明装置[图 6-2(a)]和室内照明装置[图 6-2(b)]，其在汽车上的布置如图所示，灯光系统操作开关如图 6-3 所示。

① 前照灯。前照灯由转向柱左侧的多功能操纵杆控制。将前照灯开关转至第一个位置时，将启亮位置灯、牌照灯和仪表板照明灯。将前照灯开关转至第二个位置时，除启亮所有上述灯外，还启亮前照灯。在开关转至关闭位置时，关闭所有灯。

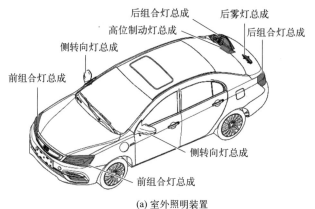

(a) 室外照明装置

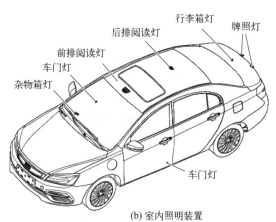

(b) 室内照明装置

图 6-2 吉利几何照明系统

图 6-3 灯光系统操作开关

前照灯的远光和近光也由该操纵杆控制。当前照灯接通时，将操纵杆向前推离驾驶员，直到听到"咔嗒"声，即从近光变为远光。在前照灯远光接通时，组合仪表总成上的指示灯点亮。将操纵杆朝驾驶员方向拉回，则从远光变为近光。如果继续朝驾驶员方向拉，仍可以从近光变为远光，不过当手松开时，操纵杆会自动回到近光位置。

当前照灯开关处于前照灯接通或位置灯接通位置时，同时操作启动开关，使电源模式不在"ACC（附件）""ON（接通）"或"START（启动）"位置，此时，车身控制模块监测驾驶员车门状态，如果左前门打开，车身控制模块将使蜂鸣器鸣响。如果前照灯关闭，车身控制模块将检测不到前照灯开关处于打开状态，蜂鸣器不鸣响。

② 位置灯和转向信号灯。将照明开关转至第一个位置即可启亮位置灯。操作启动开关使电源模式至 OFF 状态即可关闭位置灯。在启用转向信号灯时，前后转向信号灯和侧转向信号灯闪烁，发出转向信号。转向信号灯仅在电源模式至 ON 状态时工作。转向信号灯由转向柱左侧的灯开关控制。往上或往下拨动操纵杆（超过止动点），将启亮前后和侧转向信号灯。在转弯结束后，操纵杆返回水平位置，转向信号灯停止闪亮。

在变道或转小弯时，由于转向盘转角不大，可能无法取消转向信号，因此仅将信号操纵杆转至一个止动位置，并保持在此位置。当操纵杆松开后，操纵杆返回水平位置，转向信号即被取消。

当遥控防盗系统工作时，BCM 可以控制转向指示灯闪烁，表明遥控防盗系统的工作状态。

③ 后雾灯。车辆未配备前雾灯，仅配备有后雾灯。后雾灯开关位于转向柱左侧的多功能操纵杆上。当使用后雾灯时，必须先开启近光或远光灯，并转动多功能操纵杆至后雾灯挡位，仪表上的指示灯启亮，指示后雾灯已经接通。关闭后雾灯，同时指示灯熄灭。

④ 昼行灯。当电驱动系统旋转时，昼行灯应该自动点亮。此功能应可以通过诊断仪配置。昼行灯应在前大灯打开时自动熄灭，但在前大灯只是短暂地间歇闪烁警示（远光灯点亮时间小于 700ms 视为间歇闪烁警示）时不熄灭。

⑤ 后组合灯。后位置灯、制动灯和转向信号灯在后组合灯 A 中，后雾灯和倒车灯在后组合灯 B 中。接通位置灯时，启亮后位置灯。中央高位制动灯位于后风窗外侧顶部，踩下制动踏板时启亮。

⑥ 倒车灯。倒车灯位于后保险杠上，当换挡杆处于倒挡时启亮。倒车灯由 BCM 发出指令，操纵点亮和关闭。

⑦ 牌照灯。牌照灯在前照灯或位置灯启亮时点亮。牌照灯安装在牌照板上方。

⑧ 充电口照明灯。充电口照明灯位于充电口，当车辆充电口盖打开时，提供照明，方便车辆充电。

6.2.2 灯光系统的工作原理

(1) 前大灯工作原理

① 近光灯。当灯光组合开关调节至近光灯挡时，灯光组合开关发出的"近

光灯开启"信号经线束传递至 BCM，随后 BCM 控制点亮近光灯。

② 远光灯。当近光灯点亮时，将灯光组合开关调节至远光灯挡，组合开关发出的"远光灯开启"信号经线束传递至 BCM，随后 BCM 控制点亮远光灯。

③ 大灯高度调节。大灯高度调节开关发出信号，传递至前组合灯内的步进电机，即大灯高度调节电机，电机随控制信号做出相应动作，通过电机输出轴与前大灯间的机械装置来改变大灯照射的角度。

注意：太频繁地拨动此按钮有可能造成调节电机不动作或损坏。

当 BCM 监测到车辆处在"AUTO（自动灯）"模式时，会根据接收到的环境及阳光传感器的信号来控制大灯的开启与关闭。当环境光线较弱时，BCM 控制点亮近光灯；当环境光线较强时，BCM 控制熄灭近光灯。如图 6-4 所示为前大灯系统电路图。

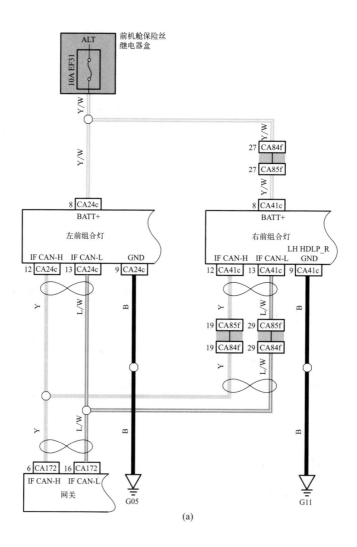

(a)

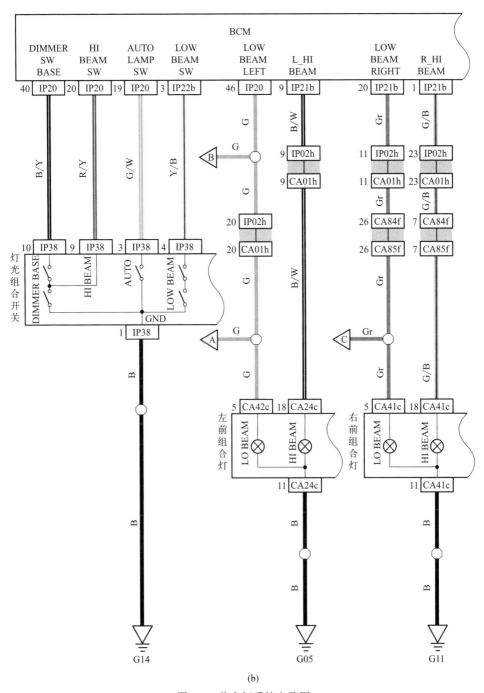

(b)

图 6-4 前大灯系统电路图

（2）位置灯工作原理

当灯光组合开关调节至位置灯挡位，组合开关发出的"位置灯开启"信号经线束传递至 BCM，随后 BCM 发出位置灯控制信号，点亮车辆位置灯及牌照灯。图 6-5 为位置灯电路图。

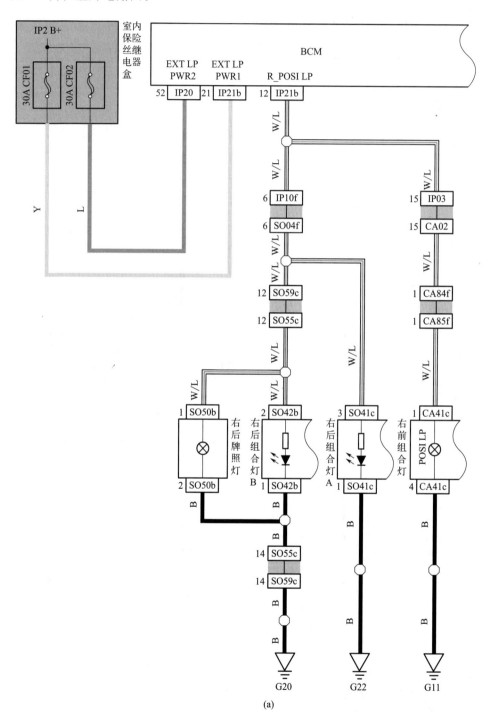

(a)

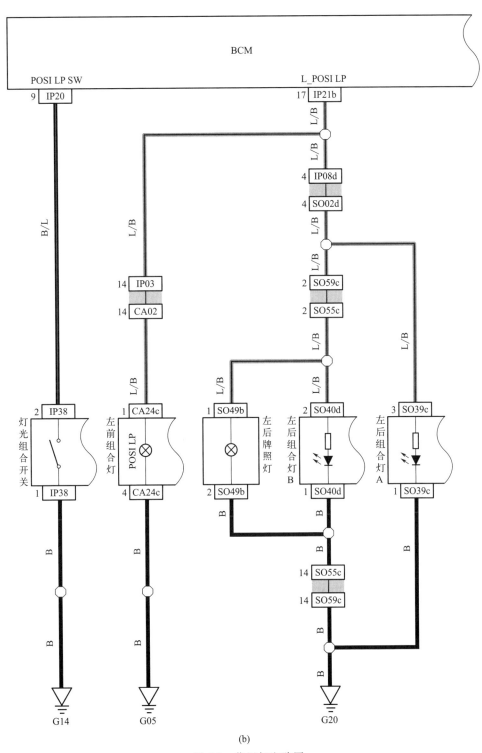

(b)

图 6-5　位置灯电路图

（3）日间行车灯工作原理

日间行车灯通过 BCM 控制点亮，开关在多媒体主机内，可以自由设置开启与关闭，电路图如图 6-6 所示。

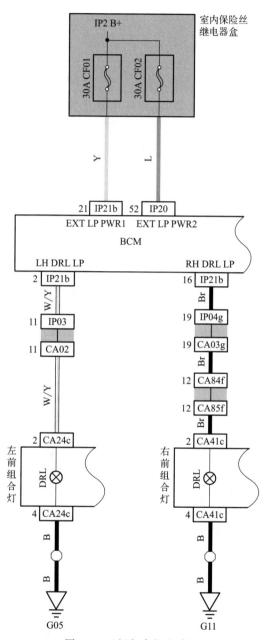

图 6-6　日间行车灯电路图

（4）后雾灯工作原理

当组合开关调节至后雾灯挡位，组合开关发出的"后雾灯开启"信号经线束传递至 BCM，随后 BCM 发出后雾灯控制信号，点亮车辆后雾灯。电路图如图 6-7 所示。

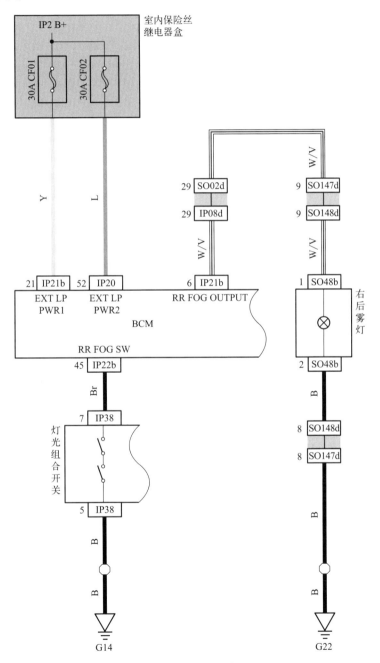

图 6-7 后雾灯电路图

(5) 转向灯工作原理

当灯光组合开关调节至左/右转向灯挡，组合开关发出的"左/右转向灯开启"信号经线束传递至 BCM，随后 BCM 发出左/右转向灯控制信号，点亮车辆左/右转向灯，转向灯有规律地闪烁。图 6-8 为转向灯与危险警告灯电路图。

注意：当按下危险警告灯按钮时，BCM 向这两条电路同时输出电压，点亮所有转向灯，转向灯有规律地闪烁。

(6) 制动灯工作原理

踩下制动踏板，制动开关输出制动信号，BCM 接收到制动信号后，便会输

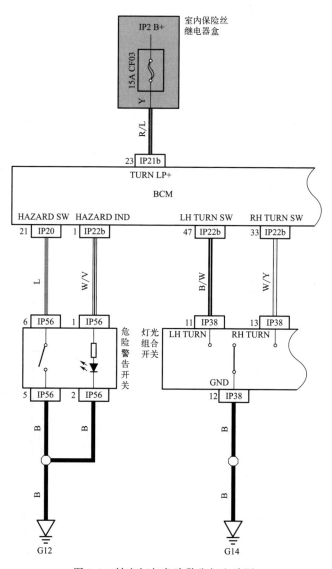

图 6-8　转向灯与危险警告灯电路图

出制动灯控制信号，点亮车辆制动灯及高位制动灯。

(7) 倒车灯工作原理

驾驶员挂倒挡时，电子换挡器输出的倒车信号传送至网关控制器，再由网关控制器经线束传送至 BCM，BCM 接收到倒车信号便会输出倒车灯控制信号，点亮车辆倒车灯。

(8) 室内顶灯工作原理

如图 6-9 所示为室内顶灯电路图。当阅读灯开关处于 DOOR 挡时，阅读灯的电源来自 BCM 线束连接器。当车门打开时，门控开关将信号传送至 BCM，BCM 接收到信号后点亮阅读灯。

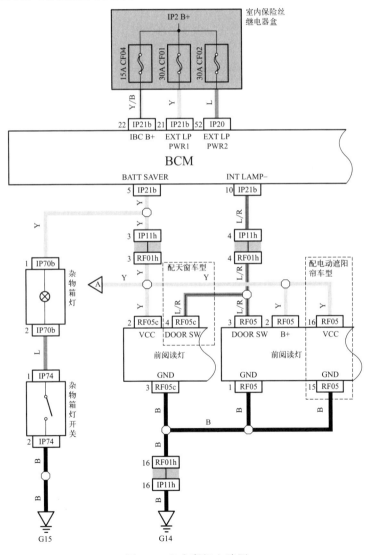

图 6-9　室内顶灯电路图

迎宾灯和氛围灯的电源来自保险丝。当车门打开时，门控开关将信号传送至BCM，BCM接收到信号后点亮迎宾灯和氛围灯。图6-10为氛围灯电路图。

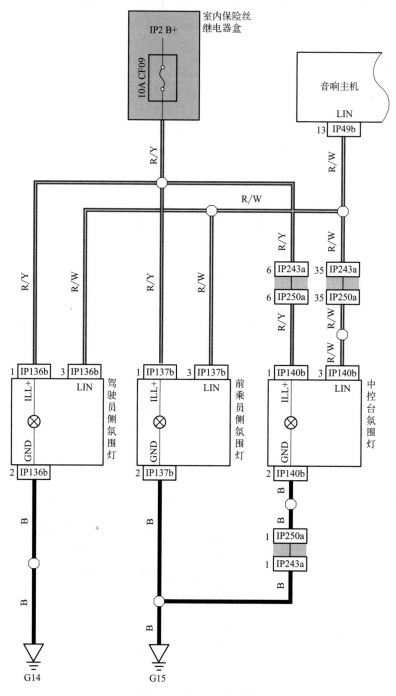

图6-10 氛围灯电路图

行李箱灯的电源来自 BCM。当行李箱门打开时，门控开关将信号传送至 BCM，BCM 接收到信号后点亮行李箱灯。图 6-11 为行李箱灯电路图。

背光照明灯的电源来自 BCM。当开启位置灯时，开关将信号传送至 BCM，BCM 接收到信号后点亮背光照明灯。图 6-12 为背光照明灯电路图。

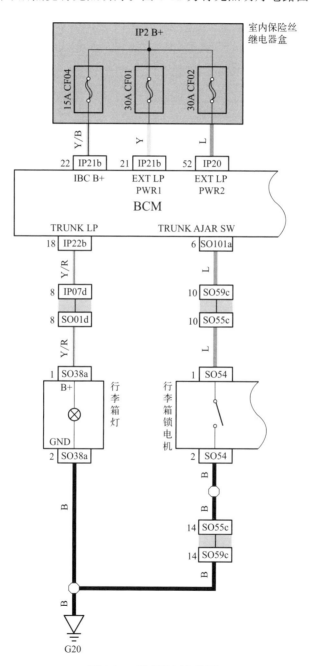

图 6-11　行李箱灯电路图

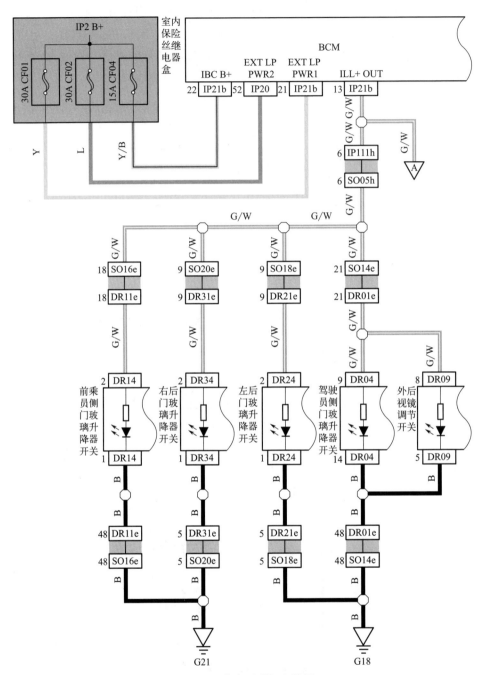

图 6-12 背光照明灯电路图

6.2.3 前照灯、尾灯常见故障的诊断

前照灯、尾灯系统常见故障及故障部位如表 6-6 所示。

表 6-6 前照灯、尾灯系统常见故障及故障部位

常见故障	故障部位
远光灯不亮(两边都不亮)	左远光灯保险和右远光灯保险
	灯泡
	组合开关控制电路
	远光灯电路
	继电器控制模块
近光灯不亮(两边都不亮)	左近光灯保险和右近光灯保险
	灯泡
	组合开关控制电路
	近光灯电路
	继电器控制模块
远光灯不亮(一边)	左远光灯保险或右远光灯保险
	远光灯电路
近光灯不亮(一侧)	左近光灯保险或右近光灯保险
	灯泡
	近光灯电路
前灯灯光昏暗(亮度不够)	蓄电池电压
	近光灯灯泡
	远光灯灯泡
	线束

(1) 近光灯不工作故障诊断

吉利帝豪 EV450 近光灯工作电路简图如图 6-13 所示。

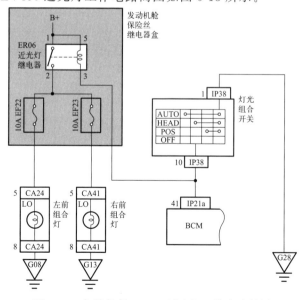

图 6-13 吉利帝豪 EV450 近光灯工作电路简图

近光灯不工作故障诊断步骤如图6-14所示。

① 检查左、右近光灯灯泡
 a. 拆卸左、右近光灯灯泡。
 b. 确认灯泡灯丝是否熔断。
 → 是：转至步骤③
 → 否：

② 检查左、右近光灯灯泡
 a. 更换有故障的近光灯灯泡。
 b. 确认近光灯是否工作正常。
 → 是：系统正常
 → 否：

③ 检查保险丝EF22、EF23
 a. 检查保险丝EF22、EF23。
 → 是：转至步骤⑤
 → 否：

④ 检查保险丝EF22、EF23
 a. 检查保险丝EF22、EF23线路是否有短路故障。
 b. 进行线路修理，确认没有线路短路现象。
 c. 更换额定电流正确的保险丝，保险丝的额定值为10A。
 d. 确认近光灯是否正常工作。
 → 是：系统正常
 → 否：

⑤ 检查近光灯保险丝EF22/EF23之间线路
 a. 检查近光灯保险丝EF22/EF23与近光灯线束连接器CA24/CA41的5号端子之间的电阻。电阻标准值：小于1Ω。
 b. 确认电阻是否符合标准值。
 → 否：转下图

⑥ 检查前大灯线束连接器CA24/CA41的电源电压
 a. 开启近光灯，测量线束连接器CA24/CA41端子5与车身接地之间的电压。电压标准值：11～14V
 b. 确认电压是否符合标准值。
 → 是：转至步骤⑧
 → 否：转下图

（CA24左前组合大灯线束连接器、CA41右前组合大灯线束连接器）

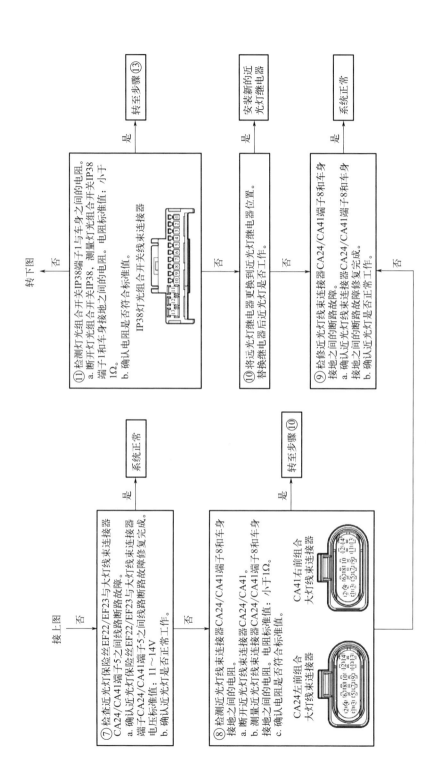

图 6-14

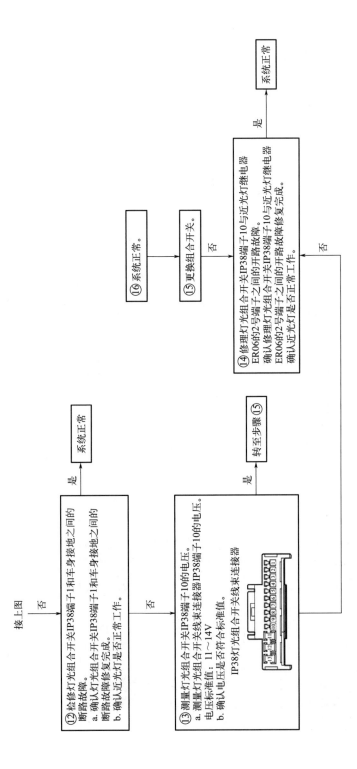

图 6-14 近光灯不工作故障诊断步骤

项目二　新能源汽车舒适系统故障诊断

（2）远光灯不工作故障诊断

远光灯工作电路简图如图 6-15 所示。

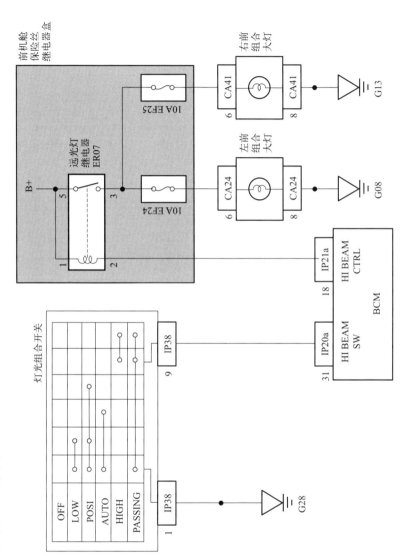

图 6-15　远光灯工作电路简图

远光灯不工作故障诊断步骤如图 6-16 所示。

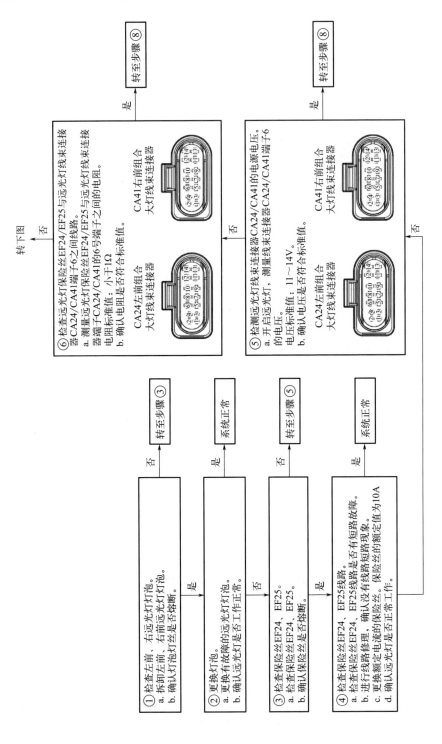

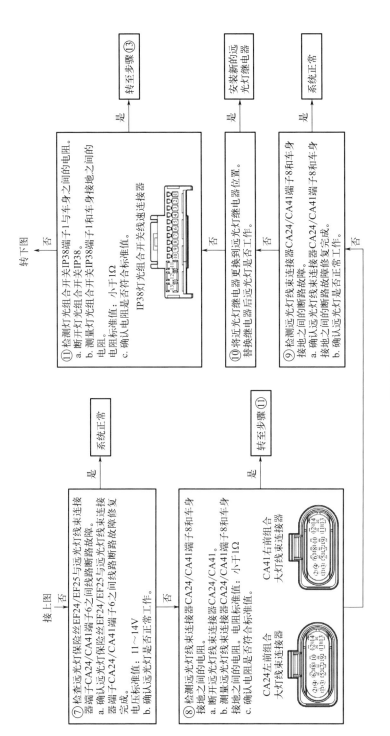

图 6-16

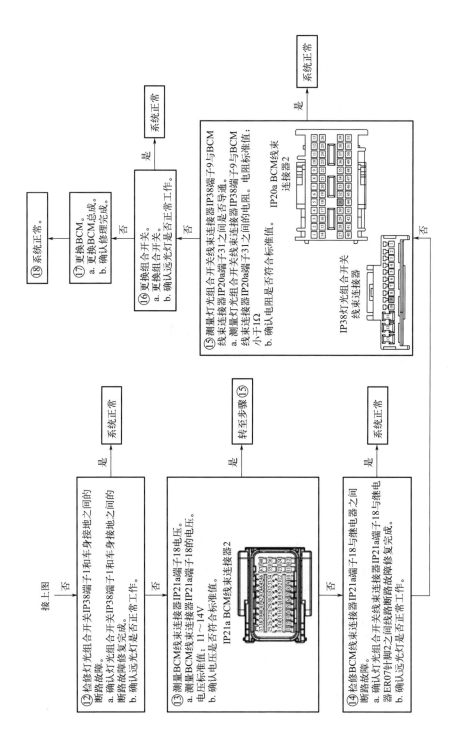

图6-16 远光灯不工作故障诊断步骤

项目二 新能源汽车舒适系统故障诊断

(3) 转向灯不工作故障诊断

转向灯工作电路简图如图 6-17 所示。

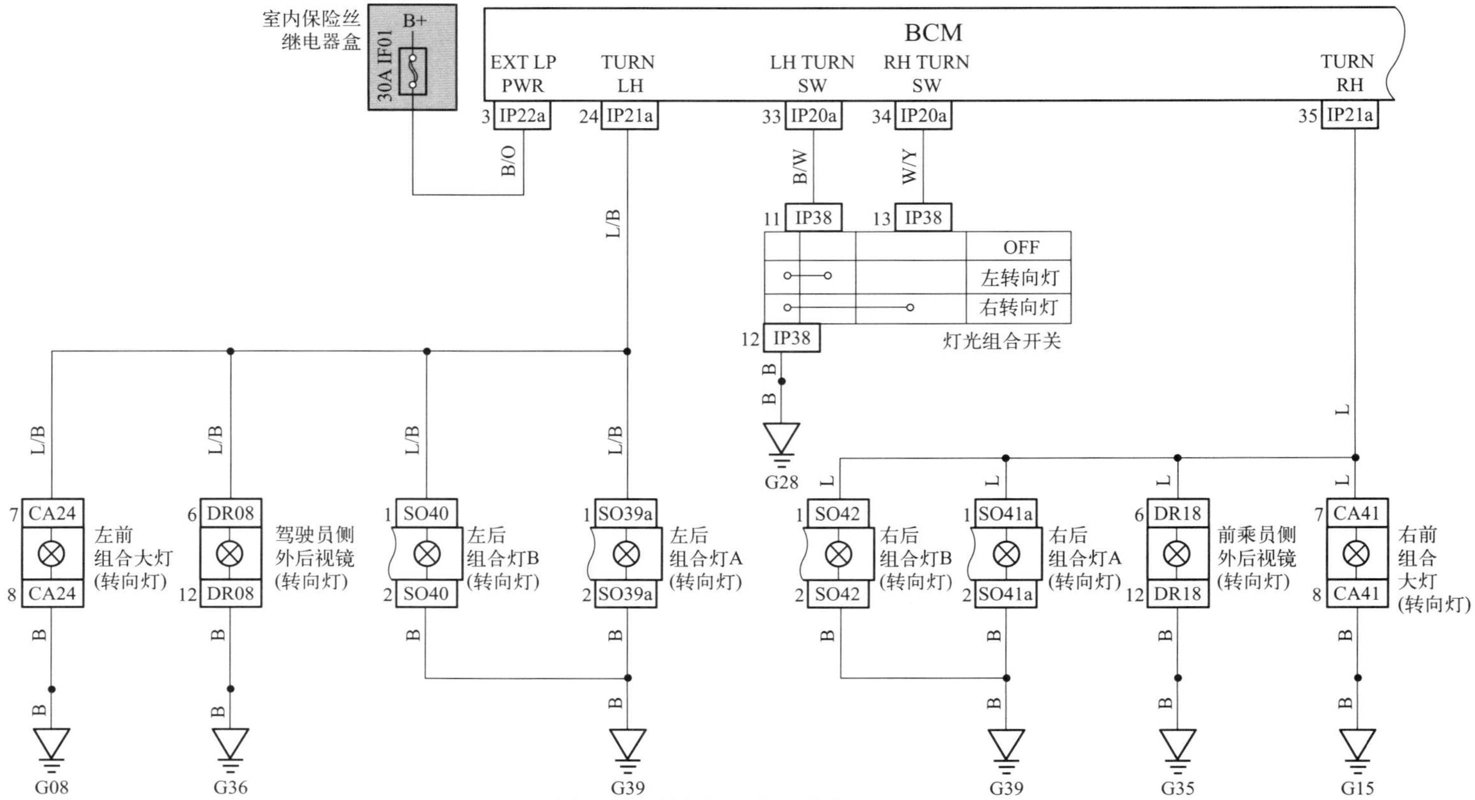

图 6-17 转向灯工作电路简图

转向灯不工作故障诊断流程图如图 6-18 所示。

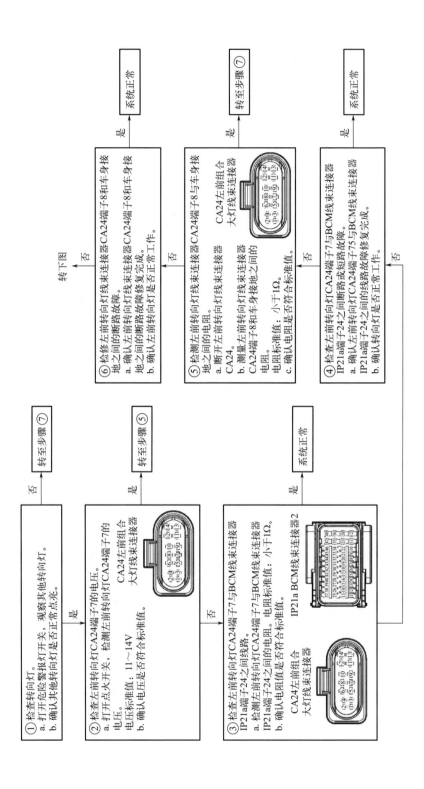

项目二 新能源汽车舒适系统故障诊断

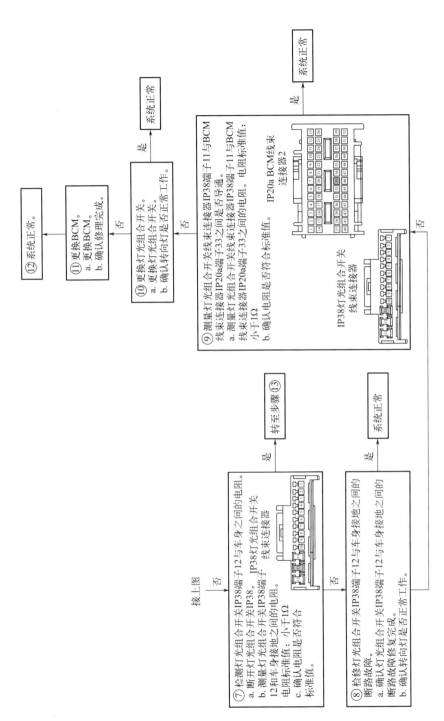

图 6-18 转向灯不工作故障诊断流程图

(4) 制动灯与高位制动灯不工作故障诊断

制动灯与高位制动灯工作电路简图如图 6-19 所示。

制动灯与高位制动灯不工作故障诊断步骤如图 6-20 所示。

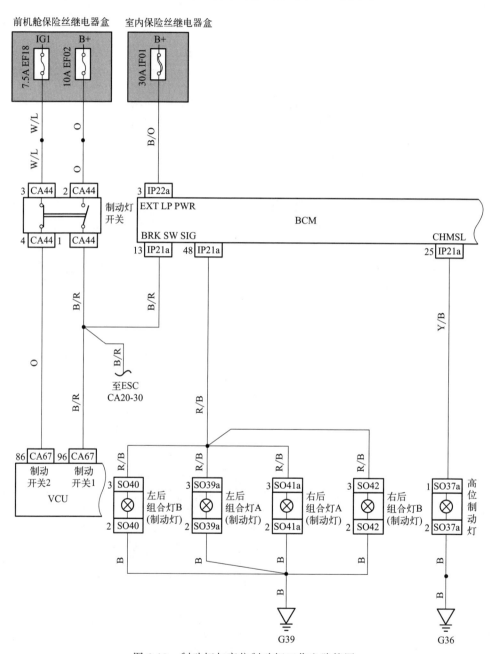

图 6-19　制动灯与高位制动灯工作电路简图

项目二 新能源汽车舒适系统故障诊断

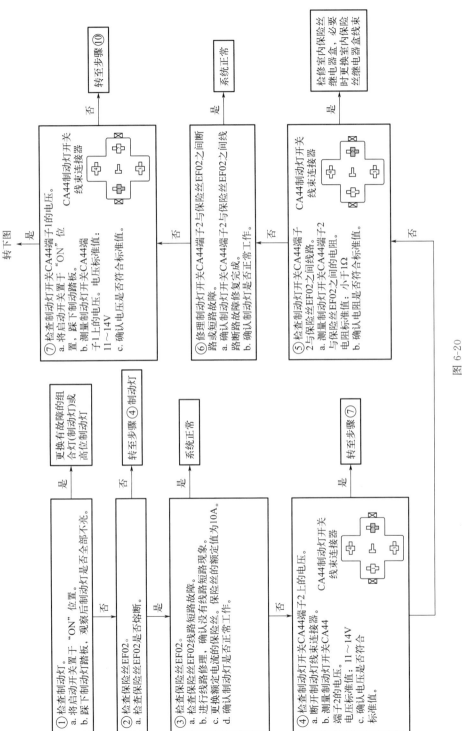

图 6-20

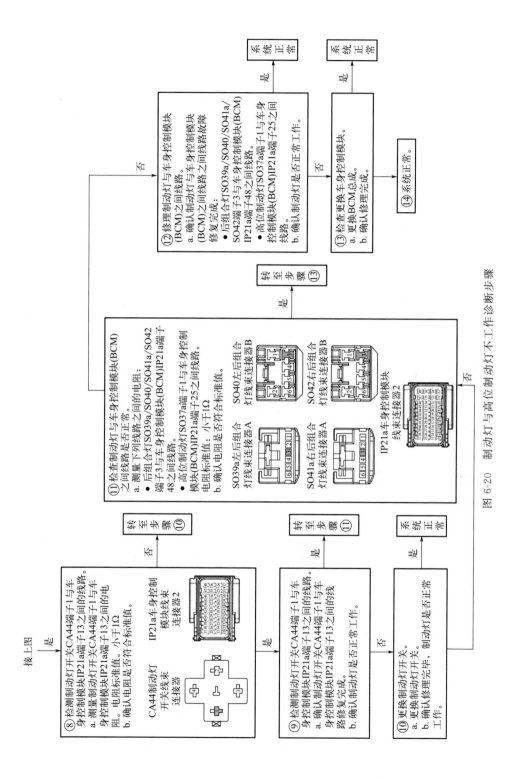

图 6-20 制动灯与高位制动灯不工作诊断步骤

（5）倒挡灯（倒车灯）不工作故障诊断

倒挡灯工作电路简图如图 6-21 所示。

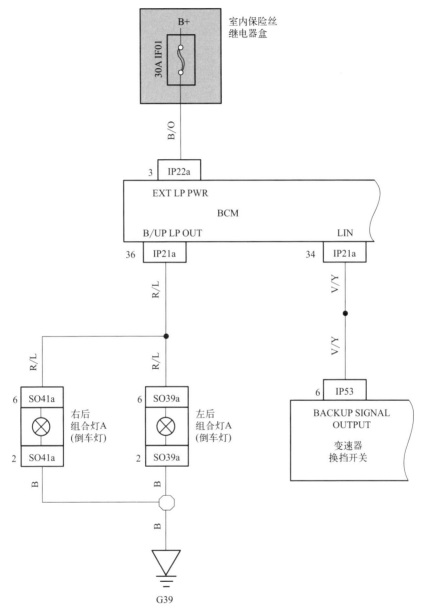

图 6-21　倒挡灯工作电路简图

倒挡灯不工作故障诊断步骤如图 6-22 所示。

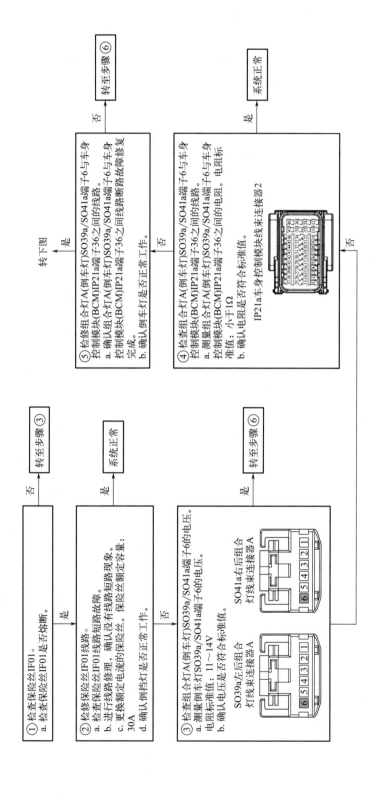

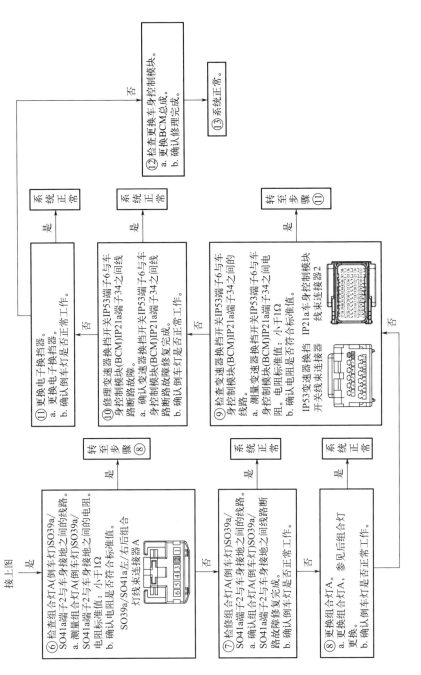

图 6-22 倒挡灯不工作故障诊断步骤

6.3 实践出真知-检修灯光系统

6.3.1 情景描述

客户小李开着一辆新能源汽车几何 A Pro 到 4S 店，据他描述，他的新能源汽车使用了 5 年，车辆出现灯光系统的尾灯不正常的现象。作为一名新能源汽车维修人员，如何对新能源汽车灯光系统进行故障分析与诊断？

6.3.2 准备工作

① 工具准备。绝缘垫、绝缘鞋、绝缘手套、安全帽、护目镜等安全防护用品，拆装专用工具，电工胶布。
② 实训车辆。吉利几何 A-PRO。
③ 辅助资料。维修手册、电路图、教材。

6.3.3 任务实施

(1) 验证故障现象

按下智能钥匙开锁键，打开车门，将智能钥匙放在中央扶手储物盒，按下启动开关（图 6-23），车辆低压用电设备正常上电工作，但是按下灯光开关（图 6-24），尾灯不亮。

图 6-23　电源启动按钮置于"ON"状态

图 6-24　灯光开关

(2) 推测可能原因

故障症状为几何 A Pro 车辆可以上低压电，按下大灯灯光开关，尾灯不亮。根据该车型灯光系统电路图（图 6-25），推测可能原因：CF01、CF03、CF02、EF31 断路；灯光系统本身机械故障；灯光系统供电故障，接地故障；灯光系统线路断路。

(3) 确认故障原因

通过对灯光系统相关电路的分析，打开室外熔断器盒，找到 CF01、CF03、

CF02、EF31进行检测，经检测，保险丝继电器均完好（图6-26）。检查灯光系统相关线束及接插件，都完好，判断故障原因为灯光总成损坏。

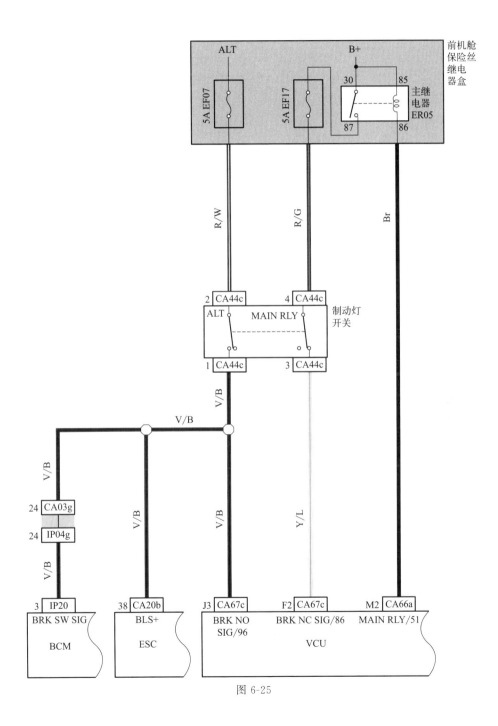

图 6-25

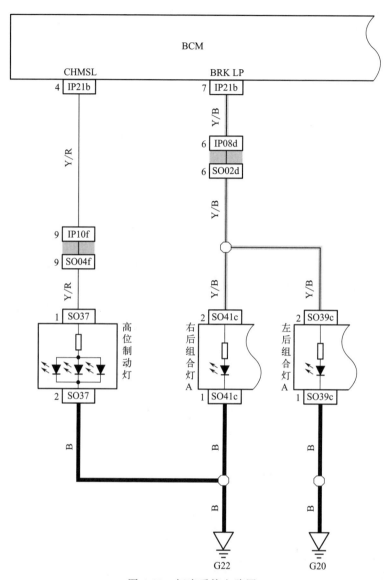

图 6-25 灯光系统电路图

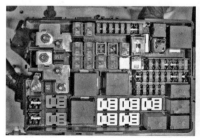

图 6-26 检测继电器

(4) 标准作业维修

按照维修手册标准作业流程，断开电源，更换新灯光总成，并固定灯光系统相关线束。

(5) 确认故障排除

正确连接低压电源，按下启动开关，按下灯光开关，灯光正常亮起，故障清除。

(6) 按照 7S 要求整理施工现场

6.4 游刃有余

1. 常用灯光继电器来控制的车灯是（　　）。
A. 前照灯　　　　B. 车门灯　　　　C. 顶灯　　　　D. 阅读灯

2. 倒车灯的光色一般是（　　）。
A. 橙色　　　　B. 红色　　　　C. 黄色　　　　D. 白色

3. 汽车照明灯根据安装位置和用途不同，一般可分为（　　）。
A. 2 种　　　　B. 3 种　　　　C. 4 种　　　　D. 5 种

4. 转向信号灯的光色一般为（　　）。
A. 橙色　　　　B. 红色　　　　C. 黄色　　　　D. 白色

5. 前雾灯灯光的颜色是（　　）。
A. 白色　　　　B. 黄色　　　　C. 红色　　　　D. 蓝色

6. 能为驾驶员提供各个车门开闭状态信号的车灯是（　　）。
A. 远光灯　　　　B. 近光灯　　　　C. 雾灯　　　　D. 室内灯

7. 在汽车上装有各种照明、信号、仪表设备和警报装置的目的是（　　）。
A. 安全　　　　B. 美观　　　　C. 增加科技感　　　　D. 便于销售

8. 制动灯的光色是（　　）。
A. 橙色　　　　B. 红色　　　　C. 黄色　　　　D. 白色

9. 关于变光开关说法正确的是（　　）。
A. 大多装在转向柱上，串接在前照灯电路中
B. 大多装在转向柱上，并联在前照灯电路中
C. 大多装在仪表板上，串接在前照灯电路中
D. 大多装在仪表板上，并联在前照灯电路中

10. 遮光罩能遮住的光线是近光灯丝射向反射镜（　　）。
A. 下部的　　　　B. 上部的　　　　C. 前部的　　　　D. 后部的

6.5 行业典范

李书福：吉利汽车集团的创始人

李书福，一个生于1963年的中国企业家，他以其卓越的领导才能和对汽车行业的热情，成为了中国汽车产业的重要人物之一。作为吉利汽车集团的创始人和领导者，李书福的人生充满了奋斗、创新和成功的故事。

李书福出生于一个普通的家庭。年少时期，李书福对机械和汽车产生了浓厚的兴趣，并立志要在这个领域做出一番成就。

李书福的创业之路可以说是从零开始。1986年，他成立了浙江吉利摩托车有限公司，开始了他的创业生涯。在摩托车市场上，他努力拓展业务，积累了宝贵的经验和资源。然而，李书福的远大抱负并不仅限于摩托车行业，他对汽车行业的梦想一直鞭策着他前进。于是，1990年，李书福将公司的业务拓展到了汽车领域，正式创立了浙江吉利控股集团有限公司，标志着吉利汽车的诞生。

吉利汽车刚起步时，并不被看好，面临着种种困难和挑战，李书福坚定地相信自己的梦想能够实现，始终不懈地努力奋斗。他坚持自主创新，致力于提升产品质量和技术水平。在他的领导下，吉利汽车逐渐走出了一条独特的发展之路。

李书福深知企业发展的关键在于市场定位和战略规划。他带领团队不断调整战略，抓住市场机遇，迅速扩大了吉利汽车的市场份额。同时，他注重国际化战略和品牌建设，积极开拓海外市场，使得吉利汽车逐步走向国际舞台。

除了商业上的成功，李书福还注重企业的社会责任和品牌形象。他积极参与慈善事业，致力于环保、公益等社会公益事业，树立了吉利汽车良好的企业形象和品牌声誉。

作为一位优秀的企业家，李书福知道团队的重要性。他重视人才队伍的建设和团队合作，致力于培养和吸引高素质的人才，搭建了一个充满活力和创造力的团队。

项目三　**新能源汽车便捷性系统故障诊断**

扫码获取本书
配套资源

任务七
汽车电动车窗与天窗故障诊断

 任务导读

电动车窗和天窗系统在汽车中起着至关重要的作用，它们为乘客提供了舒适、便捷的驾驶体验。电动车窗和天窗系统的主要作用：

① 提高驾驶安全性。电动车窗和天窗系统可以防止玻璃碎片飞溅伤人，降低交通事故的风险。

② 增加车内空间。天窗系统可以让乘客感受到更加宽敞的车内空间，提高乘坐舒适度。

③ 节能环保。部分电动车窗和天窗系统采用电机驱动，相较于手动操作，可以减少驾驶员的疲劳程度，同时降低能耗。

④ 提高车辆美观度。天窗设计可以使汽车外观更加时尚、动感，提升车辆的整体品质。

⑤ 适应不同天气条件。电动车窗可以根据驾驶员的需求自动调节车窗的开度，适应不同的天气条件。

⑥ 增强隐私性。部分车型配备隐私玻璃，可以有效阻挡外界视线，保护乘客隐私。

⑦ 提高驾驶安全性。部分车型配备防夹功能，当检测到有物体靠近车窗时，自动停止窗户上升或下降，避免夹伤乘客。

本任务通过检修电动车窗、天窗系统故障诊断与排除等任务，使学生能够掌握电动车窗、天窗系统的构造与常见故障维修。

任务引入

某日，一位吉利4S店的维修接待人员收到车主反映：当他使用电动车窗和天窗时，存在无法正常工作的情况。那么，你知道这些情况可能的故障原因是什么吗？

💡 知识目标

1. 能够叙述电动车窗系统的作用、组成及工作原理。
2. 能够叙述电动车窗电机、升降调节器、控制开关的功能及原理。
3. 能够叙述电动天窗系统的作用、组成及工作原理。
4. 能够叙述电动天窗电机、控制开关、限位开关、车身控制模块的功能及原理。

技能目标

1. 能够正确进行车窗升降清洁、润滑。
2. 能够正确进行车窗/天窗功能的检查。
3. 能够正确进行天窗排水孔的清洁、天窗铰链（轨道）清洁、润滑、紧固操作。
4. 能够正确进行车窗升降电机、车窗开关拆装操作。
5. 能够正确进行车窗/天窗玻璃系统供电检测。
6. 能够正确进行天窗玻璃、天窗电机、天窗开关总成的拆装操作。
7. 能够正确进行天窗控制模块工作电路检测。
8. 能够正确查询车窗工作电路图、天窗系统工作电路图。
9. 能够对车窗不工作故障进行诊断与分析。
10. 能够对天窗不工作故障进行诊断与分析。
11. 作业结束后能够正确收集、清洁和整理工具，对工位进行7S操作。

素质目标

1. 遵守安全法规：在工作场所严格遵守相关法律法规和安全操作规程，确保诊断和维修过程中的安全性。
2. 团队合作能力：在故障诊断过程中，能够与团队成员协同工作，提供必要的帮助，确保任务高效完成。
3. 分析与解决问题的能力：具备合理分析和解决电动车窗和天窗故障的能力，能够准确定位问题，并提出有效的解决方案。
4. 专业文档理解与记录能力：能够理解和阅读相关的工作文件，清晰简洁地书写故障诊断和维修报告，确保信息传达准确无误。

7.1 任务工单-检修电动车窗与天窗系统

7.1.1 团队协作

以 3~5 人为一组，选出组长并进行任务分工，将小组概况及分工情况填入表 7-1 中。

表 7-1 学生分组情况

班级：		组号：	指导老师：
小组成员	姓名	学号	任务分工
组长			
组员			

7.1.2 搜寻探索

在进行实际操作前，需要掌握电动车窗与天窗系统的相关知识。请各组组长组织组员收集相关资料，回答下列问题。

• 问题一：电动车窗系统的关键零部件有哪些？

• 问题二：电动天窗系统的关键零部件有哪些？

• 问题三：电动车窗系统常见故障现象及可疑部位有哪些？

7.1.3 任务筹划

在明确任务内容的情况下，根据实际情况，在表 7-2 中写出车辆信息及所需的工具、设备、资料。

表 7-2 车辆信息及所需的工具、设备、资料

车辆信息	车型	VIN 码	行驶里程
工具、设备、资料			

在进行实际操作前做好现场防护，并将现场防护措施填入表 7-3 中。

表 7-3 现场防护措施

个人防护	
设备安全防护 （车辆或台架）	
场地安全防护	

7.1.4 稳步推进

在实训室，对一辆新能源汽车的电动车窗和天窗系统进行检查，找出故障点并排除，将整个操作步骤填入表 7-4 中。操作步骤应符合该车辆维修手册的规定。

表 7-4 操作步骤

序号	任务点	工作内容	
1	进行工作准备与安全防护		
2	检查车窗和天窗装置	整个电动车窗系统是否正常？	是□否□
		左前车窗是否正常？	是□否□
		天窗打开/关闭是否正常？	是□否□
		遮阳帘开启是否正常？	是□否□
		车窗和天窗系统其他部位是否损坏？ 是□（具体缘由： ）否□	
3	故障诊断与排查	检查车窗/天窗熔断器：	
		检查车窗/天窗继电器：	
		检查开关：	

续表

序号	任务点	工作内容
4	整理现场	

7.1.5 考核评价

各组展示任务完成情况，并配合指导教师完成如表 7-5 所示的考核评价表。

表 7-5 考核评价表

项目名称	评价内容	分值	评价分数		
			自评	互评	师评
职业素养考核项目 40%	穿戴规范、整洁	6 分			
	安全意识、责任意识、服从意识强	6 分			
	积极参加教学活动，按时完成任务工单	10 分			
	团队合作、与人沟通能力	6 分			
	遵守劳动纪律	6 分			
	维修场地、设备等整洁	6 分			
专业能力考核项目 60%	专业知识查找及时、准确	12 分			
	操作符合规范	18 分			
	操作熟练，工作效率高	12 分			
	任务完成度高	18 分			
合计		100 分			
总评	自评(20%)＝互评(20%)＋师评(60%)＝_____	综合等级	指导老师(签名：_____)		

7.1.6 收获分享

7.2 博观约取

7.2.1 认识电动车窗与天窗

(1) 电动车窗系统

电动车窗可让驾驶员和乘客坐在座位上就能利用开关使车门玻璃自动升降，操作简单便利，有利于行车安全。电动车窗主要由车窗电机、车窗升降调节器和控制开关等元件组成，如图 7-1 所示。

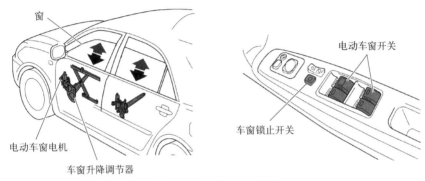

图 7-1 电动车窗系统部件

① 车窗电机。电动车窗一般使用双向永磁式电机，每个车窗装一个。按下或抬起电动车窗开关，电机正向或反向转动，通过传动机构将动力传给车窗升降调节器，使车窗玻璃升高或降低。

② 车窗升降调节器。车窗升降调节器的常见类型有绳索式、交叉臂式，如图 7-2 所示。

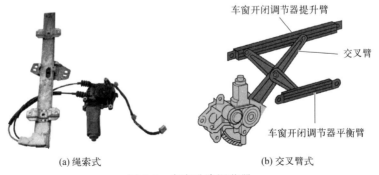

图 7-2 车窗升降调节器

③ 控制开关。电动车窗控制开关分为主控开关（驾驶员侧）和分控开关（各乘客侧）。主控开关上的各车窗控制开关可控制相应车窗的升降，具有"Auto"

功能的驾驶员侧车窗开关还可实现该侧车窗的自动升降功能。车窗锁止开关可切断各分控开关的控制功能。分控开关只能控制对应车窗的升降。

(2) 电动天窗系统

现在越来越多的中高档轿车都装备了电动天窗，汽车电动天窗是依靠汽车在行驶过程中气流在汽车顶部的快速流动，有效地使车内空气流通，增加新鲜空气进入量，为车主带来健康、舒适的享受。电动天窗主要由导轨、滑动机构、天窗电机、车身控制模块等组成，如图7-3所示。

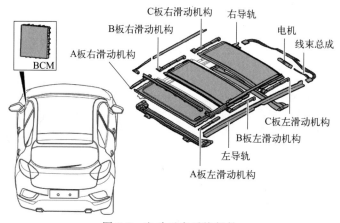

图 7-3 电动天窗系统部件

① 天窗电机。天窗电机通过传动装置向天窗的开闭提供动力，能双向转动，即通过改变电流的方向以改变电机的旋转方向，实现天窗的开闭。

② 控制开关。控制开关主要包括滑动开关和斜升开关。滑动开关有滑动打开、滑动关闭和断开（中间位置）3个挡位。斜升开关也有斜升、斜降和断开（中间位置）3个挡位。通过操作这些开关，让天窗驱动机构的电机实现正反转，在不同状态下正常工作。

③ 限位开关。限位开关主要是用来检测天窗所处的位置，靠凸轮转动来实现断开和闭合。凸轮安装在驱动机构的动力输出端。当电机将动力输出时，通过驱动齿轮和滑动螺杆减速后，带动凸轮转动，于是凸轮周边的凸起部位触动开关使其开闭，以实现对天窗的自动控制。

④ 车身控制模块。车身控制模块是一个数字控制电路，并设有定时器、蜂鸣器和继电器等，其作用是接收开关输入的信息，通过数字电路进行逻辑运算，确定继电器的动作，控制天窗开闭。

7.2.2 电动车窗与天窗系统的工作原理

电动车窗电气原理图如图7-4所示。

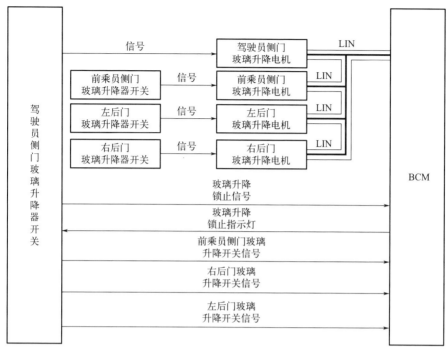

图 7-4　电动车窗电气原理图

① 车窗打开原理。当 BCM 接收到"玻璃升降器开关下降"这个输入信号时，从 BCM 输出相应信号。通过 LIN 线传递给对应的执行电机，从而实现玻璃下降。

② 车窗关闭原理。当 BCM 接收到"玻璃升降器开关上升"这个输入信号时，从 BCM 输出相应信号。通过 LIN 线传递给对应的执行电机，从而实现玻璃上升。

电动天窗电气原理图如图 7-5 所示。

汽车电动天窗主要由滑动机构、驱动机构、电机、传动机构、控制系统和开关等组成。各部分结构运作原理如下：

① 滑动机构。电动天窗滑动机构主要由导向块、导向销、连杆、托架和前、后支座等构成。

② 驱动机构。电动天窗驱动机构主要由电机、传动机构和滑动螺杆等组成。

③ 电机。通过传动装置，向天窗的开闭提供动力。电机能双向转动，即通过改变电流的方向，改变电机的旋转方向，实现天窗的开闭。

④ 传动机构。传动机构主要由蜗轮蜗杆传动机构、中间齿轮传动机构（主动中间齿轮、过渡中间齿轮）和驱动齿轮等组成。齿轮传动机构接收电机的动力，改变旋转方向，并减速增矩后将动力传给滑动螺杆，使天窗实现开闭。同时又将动力传给凸轮，使凸轮顶动限位开关。主动中间齿轮与蜗轮固装在同一轴

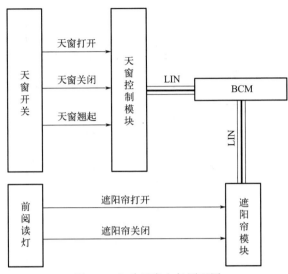

图 7-5 电动天窗电气原理图

上,并与蜗轮同步转动。过渡中间齿轮与驱动齿轮固装在同一输出轴上,被主动中间齿轮驱动,使驱动齿轮带动玻璃开闭。

7.2.3 电动车窗与天窗系统常见故障的诊断

在对电动车窗系统的故障进行诊断前,须参见描述与操作及系统工作原理,然后再开始系统诊断,这样在出现故障时,有助于确定正确的故障诊断步骤,更重要的是这样有助于确定客户描述的状况是否属于正常操作。对电动车窗系统的任何故障诊断都应该以常规检查为起点,指导维修员采取下一个逻辑步骤,进行故障诊断。理解并正确使用诊断流程可缩短诊断时间,并避免对故障部位的误判。

电动车窗系统故障现象及可疑部位见表 7-6。

表 7-6 电动车窗系统故障现象及可疑部位

故障现象	可疑部位
整个电动车窗系统不工作	左前玻璃升降器开关线路,玻璃升降器电机电源电路
左前车窗开关无法控制左前车窗升降	保险、左前车窗电机、左前车窗开关、线束
右前车窗开关无法控制右前车窗升降	保险、右前车窗电机、右前车窗开关、线束
左后车窗开关无法控制左后车窗升降	保险、左后车窗电机、左后车窗开关、线束
右后车窗开关无法控制右后车窗升降	保险、右后车窗电机、右后车窗开关、线束
左前车窗开关无法控制右前车窗升降,但右前车窗开关可以控制右前车窗升降	左前车窗开关、线束

续表

故障现象	可疑部位
左前车窗开关无法控制左后车窗升降,但左后车窗开关可以控制左后车窗升降	左前车窗开关、线束
左前车窗开关无法控制右后车窗升降,但右后车窗开关可以控制右后车窗升降	左前车窗开关、线束
只有左前玻璃升降器可以动作,其他玻璃升降器均无法动作	左前玻璃升降器、开关线路

(1) 左前车窗玻璃升降器不工作故障诊断

玻璃升降系统工作电路图如图 7-6 所示。玻璃升降系统不工作故障诊断步骤如图 7-7 所示。

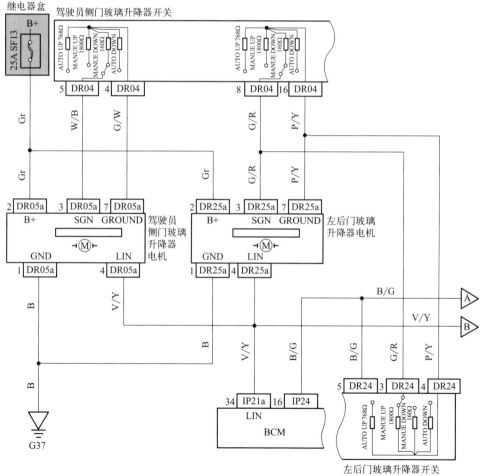

图 7-6

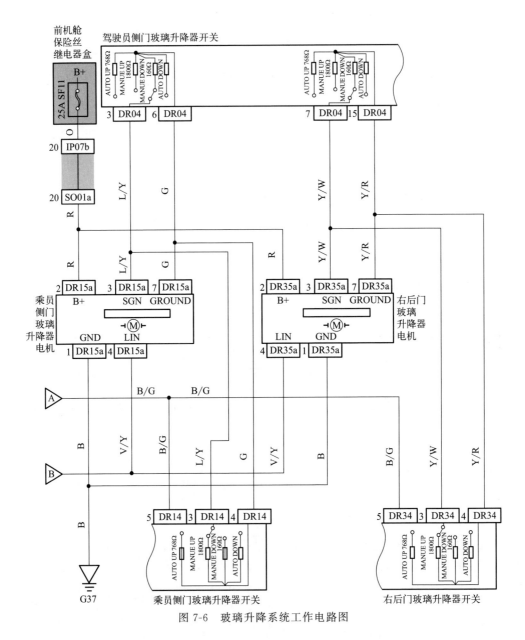

图 7-6 玻璃升降系统工作电路图

注意：以左前玻璃升降器为例说明，其他车门玻璃升降器不工作的诊断程序类似。

(2) 电动天窗系统不工作故障诊断

电动天窗系统工作电路图如图 7-8 所示。电动天窗系统不工作故障诊断步骤如图 7-9 所示。

项目三 新能源汽车便捷性系统故障诊断

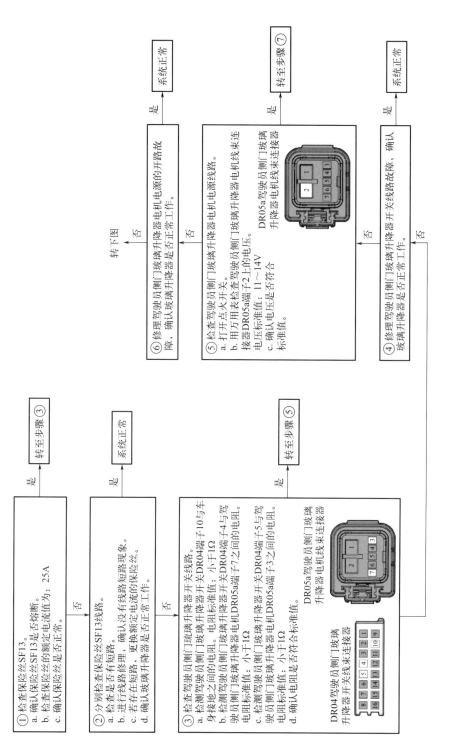

图 7-7

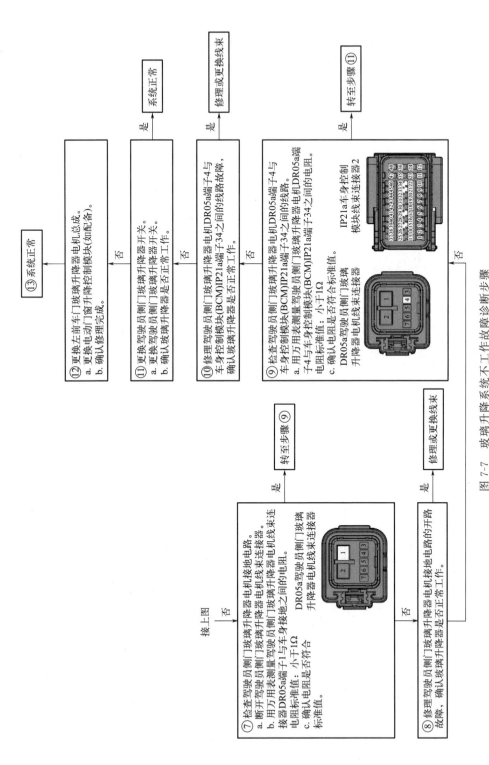

图 7-7 玻璃升降系统不工作故障诊断步骤

项目三　新能源汽车便捷性系统故障诊断

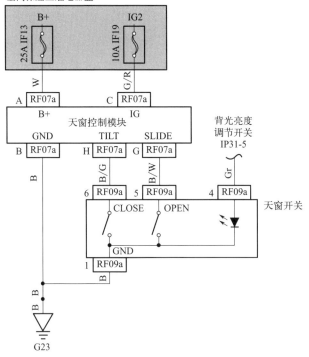

图 7-8　电动天窗系统工作电路图

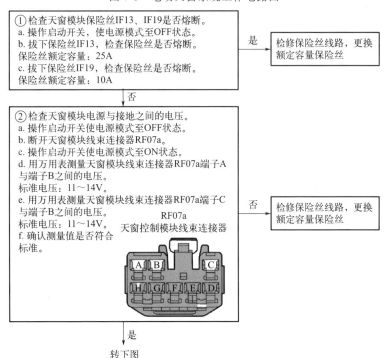

图 7-9

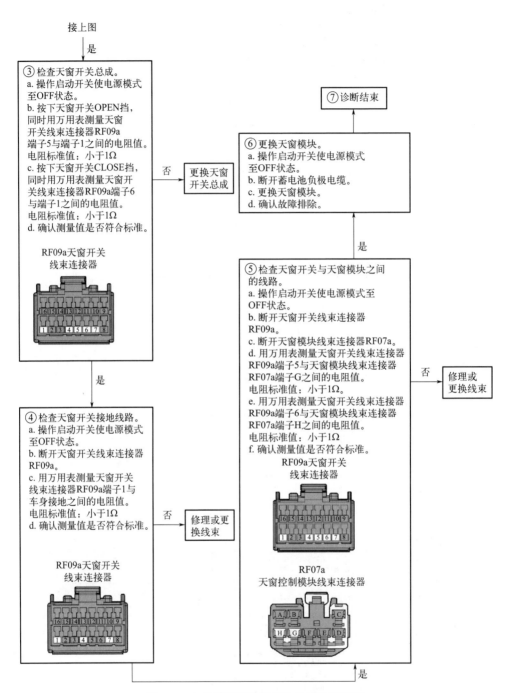

图 7-9 电动天窗系统不工作故障诊断步骤

7.3 实践出真知-检修电动车窗与天窗系统

7.3.1 情景描述

客户小李开着一辆新能源汽车几何 A Pro 到 4S 店,据他描述,他的新能源汽车使用了 5 年,车辆出现驾驶员侧电动车窗和电动天窗不能正常工作的现象。作为一名新能源汽车维修人员,如何对新能源汽车电动车窗与天窗系统进行故障分析与诊断?

7.3.2 准备工作

① 工具准备。绝缘垫、绝缘鞋、绝缘手套、安全帽、护目镜等安全防护用品,拆装专用工具,电工胶布。
② 实训车辆。吉利几何 A-PRO。
③ 辅助资料。维修手册、电路图、教材。

7.3.3 任务实施

(1) 验证故障现象

按下智能钥匙开锁键,打开车门,将智能钥匙放在中央扶手储物盒,按下启动开关,组合仪表点亮,低压用电设备正常上电工作,但是拨动车窗开关(图 7-10)和天窗开关(图 7-11),车窗和天窗均无反应。

图 7-10　按下车窗开关　　　　　　图 7-11　按下天窗开关

(2) 推测可能原因

故障症状为几何 A Pro 车辆可以上低压电,按下车窗与天窗开关无反应。根据该车型车窗系统电路图(图 7-12)与天窗系统电路图(图 7-13),推测可能原因:EF37、EF41、CF05 断路(车窗系统);CF24、CF13 断路(天窗系统);电动车窗/天窗本身机械故障；电动车窗/天窗系统供电故障，接地故障；电动车窗/天窗系统线路断路。

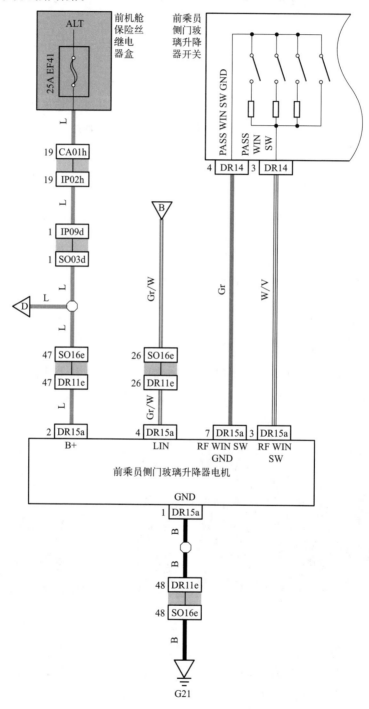

图 7-12　车窗系统电路图

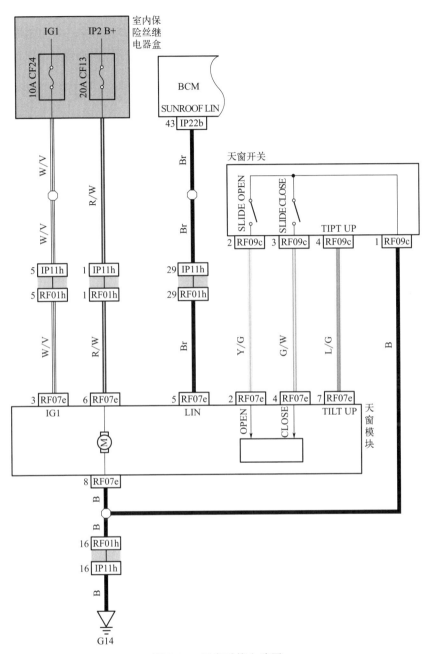

图 7-13 天窗系统电路图

(3) 确认故障原因

通过对车窗/天窗系统相关电路分析，打开室外熔断器盒，找到 EF37、EF41、CF05、CF24、CF13 进行检测，经检测，保险丝继电器均完好（图 7-14），检查车窗/天窗相关线束及接插件，判断故障原因为车窗相关线束接插件松动。

（4）标准作业维修

按照维修手册标准作业流程，断开电源，更换新连接线束，并固定车窗/天窗相关线束。

图 7-14　检测继电器

（5）确认故障排除

正确连接低压电源，按下启动开关，按下车窗/天窗开关，车窗/天窗系统正常工作，故障清除。

（6）按照 7S 要求整理施工现场

7.4　游刃有余

1. 以下哪个部件不属于电动车窗系统？（　　）
A. 电机　　　　　　　　　　B. 玻璃
C. 开关　　　　　　　　　　D. 座椅加热器

2. 以下哪个部件不属于天窗系统？（　　）
A. 天窗玻璃　　　　　　　　B. 电机
C. 控制器　　　　　　　　　D. 座椅加热器

3. 以下哪个部件主要用于提高车内空间感？（　　）
A. 车门　　　　B. 座椅　　　　C. 天窗

4. 电动车窗升降调节器常见的类型有（　　）。
A. 绳索式　　　　B. 交叉臂式

7.5　行业典范

贾公棋：勇扛中国汽车天窗行业大旗

2021 年 12 月 2 日，经中汽联理事会研究决定，选举中国汽车天窗领军人物、上海万超汽车天窗有限公司董事长贾公棋为中汽联主席。

从瓯海起步，到上海大发展，如今公司遍布河南、广西、吉林等地，贾公棋的汽车天窗版图越做越大，生产的汽车天窗以品质出众赢得海内外市场，并获得了配套企业和社会的广泛认可。贾公棋荣获东风风神2021年度优秀供应商奖。

"做精做强，不怕没市场"

贾公棋20岁进入位于瓯海的父辈企业工作，主要生产汽车组合开关。

敢想敢做的贾公棋当时发现中国汽车天窗领域是一个空白，2000年，他开始研发汽车天窗。看似简单的一个汽车天窗，实际却有着150多个零部件。面对一个新领域，从设备、技术到成本把控等，对初入商海的贾公棋来说是一项巨大的考验。不管遇到多大困难，他坚信："任何困难都会克服，而且不管哪个行业，只要做精做强，做到人无我有，人有我优，那就不怕没市场。"

2002年，第一款自主研发的MPV车型的汽车天窗问世；2005年，第一款内藏式轿车天窗成功研发，产品一上市，便得到华晨汽车的订单，多年的辛苦付出终于看到了成果。

为了更好地发展市场，贾公棋与父亲商量决定将企业重心移到上海嘉定，入驻上海国际汽车城零部件配套工业园。购置土地、建厂房、安装设备，2007年正式完成，并更名为上海万超汽车天窗有限公司。

经过几年打磨，万超汽车天窗品质不断提升，先后研发出小天窗、商用天窗、外滑式全景天窗、内藏式全景天窗、折叠式天幕、电动尾门撑杆等多种产品，广泛用于各种轿车、商务车、SUV和重型卡车等众多车型。因产品性价比高、售后服务好，赢得了国内外广大客户的认可，先后与东风标致、东风日产、宝骏汽车等越来越多的汽车品牌合作。

至此，公司进入快速发展期，2012年以来，贾公棋带领团队先后成立了柳州万超汽车天窗有限公司、郑州万超汽车零部件有限公司、吉林龙山万超汽车天窗有限责任公司、宁波万泓汽车天窗有限公司，并在上海万超总部设立研发中心，拥有自己的研发团队和几十项自主知识产权。2012年，上海万超第一款全景天窗研制成功，与上汽通用五菱配套。这对万超来说，又是一大突破性的成果。

2021年第十九届上海国际车展上，万超汽车天窗展出两款产品，分别是超大尺寸全景天窗和全景星空天窗，引起业界的极大关注。

任务八
汽车电动后视镜故障诊断

任务导读

汽车后视镜的出现始于 19 世纪末，那时汽车刚刚诞生，驾驶员需要通过扭头看向车后方来观察交通状况，这种方式不仅危险，而且视线受限。于是，一位名叫埃德温·波斯尔的美国人于 1914 年发明了第一块汽车后视镜，它是一种简单的机械式镜子，通过调整镜子的角度，驾驶员可以更方便地观察车后方。

随着时间的推移，汽车后视镜不断发展和改进。20 世纪 50 年代，电动后视镜诞生，它可以通过车内按钮调节镜子的角度，极大提高了驾驶安全性。20 世纪 80 年代，加热功能被引入后视镜，能在雨雪天气中消除雾气，提高视线清晰度。进入 21 世纪，汽车后视镜的功能更加丰富：自动折叠后视镜，便于停车入库；记忆功能，能在更换驾驶员时快速调整镜子的角度；防眩目功能，减少后方车辆灯光对驾驶员视线的干扰。

未来，汽车后视镜将继续发展，智能化和集成化是两大趋势。智能化方面，后视镜将集成更多先进技术，如人脸识别、车联网等，为驾驶员提供更多实时的驾驶信息；集成化方面，后视镜将与车载摄像头、传感器等设备深度融合，进一步提高驾驶安全性。

这就是汽车后视镜的故事。本任务通过检修诊断后视镜在使用过程中存在的故障，使学习者能够处理常见故障。

任务引入

某日，一位吉利 4S 店的维修接待人员收到几位车主反映：

• 行驶总里程 10 万公里，发现该车电动后视镜所有方向都不能调整，完全失效；

• 行驶总里程 11.5 万公里，发现该车电动后视镜左右调整均失效，但是上下调整没有问题；

• 行驶总里程 12 万公里，发现该车电动后视镜只能向上调整，不能向下调整，其他方向均没有问题。

如果你是 4S 店的维修人员，你知道如何处理这些故障吗？

知识目标

1. 了解汽车电动后视镜的作用。
2. 熟悉汽车电动后视镜的组成和工作原理。
3. 掌握汽车电动后视镜常见故障的诊断与排除方法。

技能目标

1. 识读和正确分析汽车电动后视镜的电路图。
2. 能够准确分析汽车电动后视镜失效故障。
3. 能够准确分析汽车电动后视镜失效故障的所有可能原因。

素质目标

1. 提高安全意识：在进行电动后视镜故障诊断和维修时，严格遵守安全操作规程，确保个人和设备的安全，防止任何事故的发生。

2. 增强团队合作精神：在诊断过程中，与团队成员有效合作，共同讨论和解决问题，提升团队整体效率和协作能力。

3. 提升分析与解决问题的能力：培养对电动后视镜故障进行系统分析和准确诊断的技能，确保每个问题都能得到迅速和有效地解决。

4. 加强专业文档理解与记录能力：能够理解并利用相关的技术资料和维修手册，准确记录故障诊断和维修过程，确保信息传递的准确性和完整性。

8.1 任务工单-检修电动后视镜

8.1.1 团队协作

以 3~5 人为一组,选出组长并进行任务分工,将小组概况及分工情况填入表 8-1 中。

表 8-1 学生分组情况

班级:　　　　　组号:　　　　　指导老师:

小组成员	姓名	学号	任务分工
组长			
组员			

8.1.2 搜寻探索

在进行实际操作前,需要掌握汽车电动后视镜的相关知识。请各组组长组织组员收集相关资料,回答下列问题。

- 问题一:左后视镜向上(下)倾斜的电路流程是什么?

- 问题二:左后视镜向左(右)倾斜的电路流程是什么?

- 问题三:后视镜折叠电路流程是什么?

8.1.3 任务筹划

在明确任务内容的情况下，根据实际情况，在表 8-2 中写出车辆信息及所需的工具、设备、资料。

表 8-2 车辆信息及所需的工具、设备、资料

车辆信息	车型	VIN 码	行驶里程
工具、设备、资料			

在进行实际操作前做好现场防护，并将现场防护措施填入表 8-3 中。

表 8-3 现场防护措施

个人防护	
设备安全防护（车辆或台架）	
场地安全防护	

8.1.4 稳步推进

在实训室，对一辆汽车上的电动后视镜进行检查，找出故障点并排除，将整个操作步骤填入表 8-4 中。操作步骤应符合该车辆维修手册的规定。

表 8-4 操作步骤

序号	任务点	工作内容	
1	进行工作准备与安全防护		
2	检查电动后视镜装置	后视镜调节是否正常？	是□否□
		后视镜折叠是否正常？	是□否□
		后视镜调节（记忆模块）是否正常？	是□否□
		电子防眩目内后视镜是否正常？	是□否□
3	故障诊断与排查	检查后视镜调节开关是否卡滞：	
		检查 BCM 与外后视镜调节开关之间的线路是否正常：	
		其他：	
4	整理现场		

8.1.5 考核评价

各组展示任务完成情况,并配合指导教师完成如表 8-5 所示的考核评价表。

表 8-5 考核评价表

项目名称	评价内容	分值	评价分数		
			自评	互评	师评
职业素养 考核项目 40%	穿戴规范、整洁	6 分			
	安全意识、责任意识、服从意识强	6 分			
	积极参加教学活动,按时完成任务工单	10 分			
	团队合作、与人沟通能力	6 分			
	遵守劳动纪律	6 分			
	维修场地、设备等整洁	6 分			
专业能力 考核项目 60%	专业知识查找及时、准确	12 分			
	操作符合规范	18 分			
	操作熟练,工作效率高	12 分			
	任务完成度高	18 分			
合计		100 分			
总评	自评(20%)＝互评(20%)＋ 师评(60%)＝_____	综合等级	指导老师(签名:_____)		

8.1.6 收获分享

8.2 博观约取

8.2.1 认识电动后视镜

电动后视镜是指车外两侧的后视镜,在需要调节视角时驾驶员可以不必下车,在车内通过电动按钮就可以调节,操作起来既方便又安全,现在大部分轿车的后视镜都是电动调节的,有些高级的还带有加热除霜功能。以吉利几何 A Pro 为例,车外后视镜由驾驶侧门饰板上的电动后视镜开关总成来控制。操作开关选择需要调整的后视镜,可以上、下、左、右四个方向操作,最后确定适合驾驶员的最佳位置。车外后视镜的镜面玻璃内还有加热元件。当按下后窗除雾器开关时,车外后视镜加热元件也将工作。电动外后视镜具有折叠功能,方便驾车通过狭窄的巷道及车辆停放时使用,安装位置如图 8-1 所示。

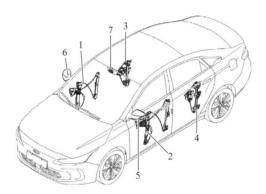

图 8-1 电动后视镜安装位置

1—右前玻璃升降器总成;2—左前玻璃升降器总成;3—右后玻璃升降器总成;4—左后玻璃升降器总成;
5—左外电动后视镜;6—右外电动后视镜;7—内后视镜

现代汽车的后视镜大部分都是电动的,由电气控制系统来操纵。后视镜有很多种,其安装位置、形状、功能及操纵方式各有不同。电动后视镜分类详情见表 8-6。

表 8-6 电动后视镜的分类

分类方式	类型	特点	安装位置
按安装位置不同	内后视镜	用于驾驶员观察汽车内部情况,或者透过后门窗观察汽车后方的道路状况	一般装在驾驶室内的前上方
	外后视镜	用于驾驶员观察道路两侧后方情况	一般装在车门或者前立柱附近
	下视镜	用于驾驶员观察车前或车后地面的情况	安装在车身外部的车前或车后部位

续表

分类方式	类型	特点	安装位置
按镜面形状不同	平面镜	镜面为一平面,用其观察到的物体影像不会失真,可以真实反映车后物体的外形和实际距离。后视范围小,视觉盲区过大	常用来作内后视镜
	球面镜	镜面为一球面,后视范围大,但是后视物体影像缩小失真,不能真实反映车后物体大小和实际距离	常用作外后视镜和下视镜
	双曲率镜	镜面球面部分采用较大的曲率半径,基本上解决了失真和盲区的问题,兼具有前两者的优点,但是其制造工艺复杂,成本昂贵	主要用作驾驶员侧的后视镜
按防眩目功能不同	普通内后视镜	多为反射膜是铝或银的平面镜,其结构简单、成本低,但无夜间行车时防眩目功能	安装在车内
	防眩目后视镜	棱形防眩目内后视镜,镜表面与镜里面反射膜的反射率不同	安装在车内
		平面防眩目内后视镜,白天行车时表面镜片与内镜片平行,夜间行车时表面镜片和里面镜片成一定角度,形成棱形镜,起到防眩目作用	
		液晶式防眩目内后视镜,液晶电源开关可以通过按钮控制,也可以根据光通量由控制开关自动控制	

① 带雨点清除装置的电动后视镜。如图 8-2 所示为带有超声波雨点清除装置的后视镜。镜面内侧的压电振子振动使雨点雾化,而加热板加热后除去镜面上的小雨点,保持后视镜表面光滑清晰。

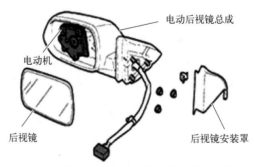

图 8-2 带有超声波雨点清除装置的后视镜

② 防眩目电动后视镜。如图 8-3 所示是防眩目电动后视镜,为防止后视镜在后方车辆前照灯的照射下眩目,妨碍驾驶人对后方的观察,采用防眩目后视

镜。利用镀铬材料，感知周围亮度与后方灯光的亮度，通过后视镜中 EC 元件的电化学反应，使后视镜表面着色，以控制后视镜的反射率。

吉利几何 A Pro 中采用防眩目电动后视镜，该后视镜采用电致变色防眩镜片，该防眩镜片用两片玻璃板作为基板，在两片玻璃板中间添加固体凝胶电解质。前后灯光检测感应器无光差防眩镜片且不通电时，电致变色电解液为透明，处于高反射率；当前后灯光检测感应器存在光差防眩镜片且通电时，电致变色电解液电离，变为深绿色，将易产生较高波长的可见强光吸收，削减强光的反射，得到主波峰波长较低的可见光——绿光，而绿光是人类眼睛最适应的光线，起到降低反射率防止眩光产生的作用。

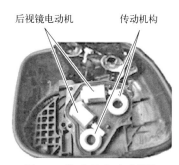

图 8-3 防眩目电动后视镜

8.2.2 电动后视镜的组成及工作原理

（1）电动后视镜的组成

汽车的电动后视镜一般由镜片、驱动电机、后视镜壳体等组成，如图 8-4 所示。后视镜驱动电机为永磁式直流电机，安装在后视镜壳体里。在每个后视镜镜片的背后都有两个可逆电机，可操纵其上下及左右运动。通常情况下，垂直方向的倾斜运动由一个永磁电机控制，水平方向的倾斜运动由另一个永磁电机控制。有些电动后视镜系统还装有用于隐藏后视镜的电机。

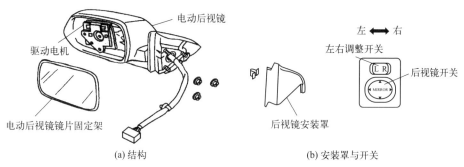

图 8-4 电动后视镜的结构和典型开关

电动后视镜操纵开关结构和安装位置如图 8-4(b) 所示，开关的主要作用是选择需要调节的后视镜，以及接通相应的电机电路，以控制相应的后视镜按驾驶人选定的方向调整。

（2）电动后视镜的工作原理

如图 8-5 所示为电动后视镜控制系统的基本原理。控制开关向下扳时，触头 B 与触头 D、C、E 分别相通，电流经电源→触头 E→触头 C→电机→触头 B→触头 D→接地，电机转动使后视镜做垂直方向运动；当开关向上扳时，触头 B 与 E、C、D 分别接触，电流经电源→触头 E→触头 B→电机→触头 C→触头 D→接地，由于流过电机的电流发生改变，因此电机反方向转动，后视镜做水平方向运动。

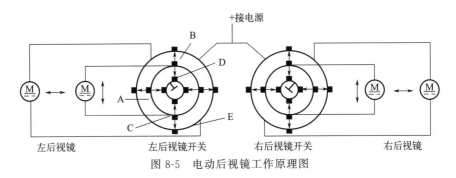

图 8-5 电动后视镜工作原理图

电动后视镜电气原理示意图如图 8-6 所示。

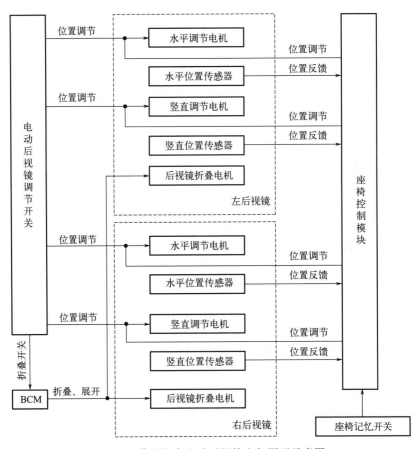

图 8-6 典型汽车电动后视镜电气原理示意图

电动外后视镜（含记忆功能）控制电路逻辑图如图 8-7 所示。

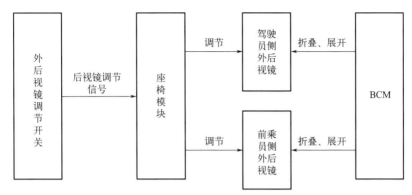

图 8-7　电动外后视镜（含记忆功能）控制电路逻辑图

电动外后视镜（无记忆功能）控制电路逻辑图如图 8-8 所示。

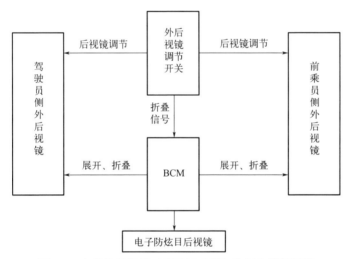

图 8-8　电动外后视镜（无记忆功能）控制电路逻辑图

8.2.3　电动后视镜系统故障诊断

在对电动后视镜系统的故障进行诊断前，须参见描述与操作及系统工作原理，了解和熟悉电动后视镜系统的工作原理，然后再开始系统诊断，这样在出现故障时有助于确定正确的故障诊断步骤，更重要的是这样有助于确定客户描述的状况是否属于正常操作。对电动后视镜系统的任何故障诊断都应该以常规检查为起点，指导维修员采取下一个逻辑步骤，进行故障诊断。理解并正确使用诊断流程可缩短诊断时间，并避免对故障部位的误判。

电动后视镜系统故障现象及可疑部位见表 8-7。

表 8-7　电动后视镜系统故障现象及可疑部位

故障现象	可疑部位
左右两个电动后视镜均不工作	保险丝熔断、搭铁不良、后视镜开关、电机损坏等
一侧电动后视镜不工作	搭铁不良、后视镜开关、电机损坏等
一侧电动后视镜上下方向不能调节	搭铁不良、上下调整电机损坏等
左后车窗开关无法控制左后车窗升降	保险、左后车窗电机、左后车窗开关、线束故障等
一侧电动后视镜左右方向不能调节	搭铁不良、左右调节电机损坏等

电动后视镜工作电路简图如图 8-9 所示。电动后视镜不工作故障诊断步骤如图 8-10 所示。

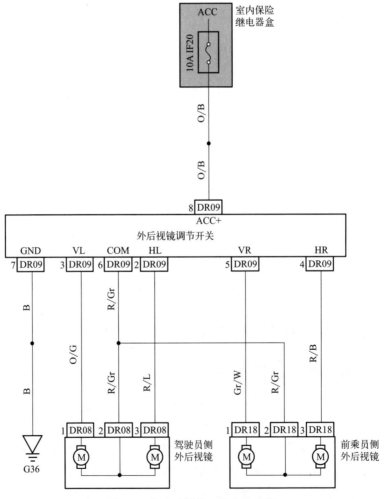

图 8-9　电动后视镜工作电路简图

项目三 新能源汽车便捷性系统故障诊断

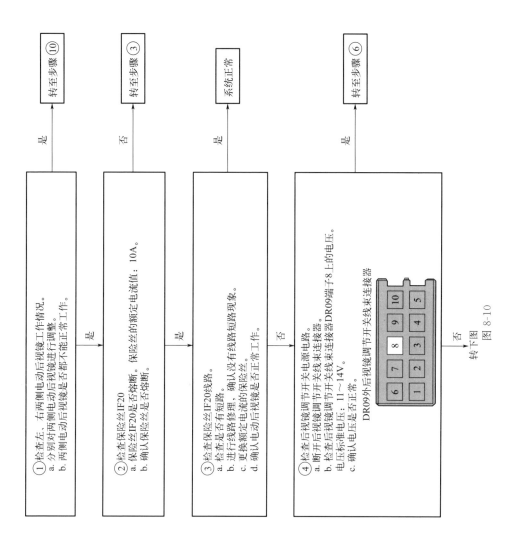

图 8-10

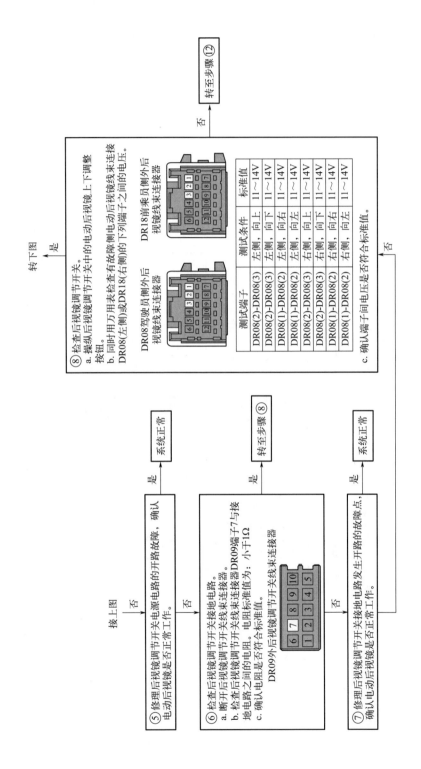

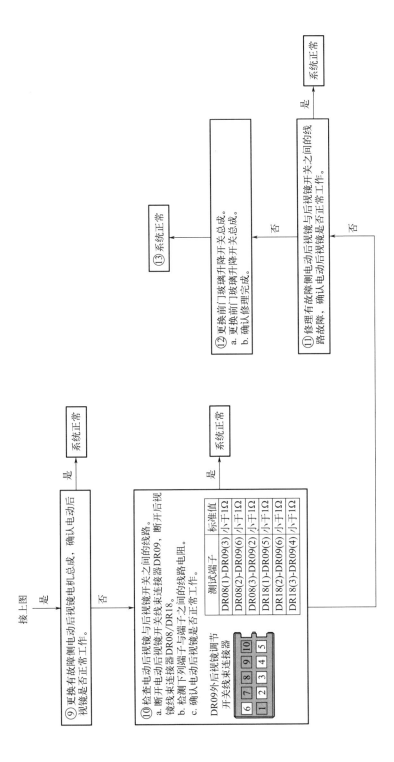

图 8-10 电动后视镜不工作故障诊断步骤

8.3 实践出真知-检修电动后视镜系统

8.3.1 情景描述

客户小李开着一辆新能源汽车几何 A Pro 到 4S 店,据他描述,他的新能源汽车使用了 5 年,车辆出现电动后视镜系统不能正常工作的现象。作为一名新能源汽车维修人员,如何对新能源汽车电动后视镜系统进行故障分析与诊断?

8.3.2 准备工作

① 工具准备。绝缘垫、绝缘鞋、绝缘手套、安全帽、护目镜等安全防护用品,拆装专用工具,电工胶布。
② 实训车辆。吉利几何 A-PRO。
③ 辅助资料。维修手册、电路图、教材。

8.3.3 任务实施

(1) 验证故障现象

按下智能钥匙开锁键,打开车门,将智能钥匙放在中央扶手储物盒,按下启动开关(图 8-11),组合仪表点亮,低压用电设备正常上电工作,但是拨动电动后视镜开关(图 8-12),电动后视镜无反应。

图 8-11 电源启动按钮置于"ON"状态

图 8-12 拨动电动后视镜开关

(2) 推测可能原因

故障症状为几何 A Pro 车辆可以上低压电,拨动电动后视镜开关无反应,根据该车型电动后视镜系统电路图(图 8-13),推测可能原因:CF20 故障;电动后视镜本身机械故障;电动后视镜系统供电故障,接地故障;电动后视镜系统线路断路。

(3) 确认故障原因

通过对电动后视镜系统相关电路分析,打开室外熔断器盒,找到 CF20 进行

项目三 新能源汽车便捷性系统故障诊断

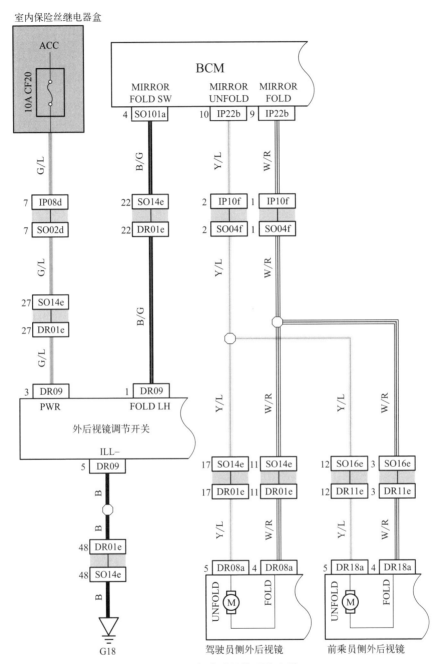

图 8-13 电动后视镜系统电路

检测（图 8-14），通过电压法测量保险丝两端电压，判定该保险丝损坏。

(4) 标准作业维修

按照维修手册标准作业流程，断开电源，取同型号新的保险丝，更换新保险

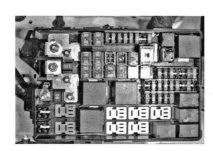 

图 8-14　检测保险丝

丝，并测量结果显示该保险丝正常。

(5) 确认故障排除

正确连接低压电源，按下启动开关，拨动电动后视镜开关，后视镜系统正常工作，故障清除。

(6) 按照 7S 要求整理施工现场

8.4　游刃有余

一、单选题

1. 下列不属于电动后视镜常见故障现象的是（　　）。
   A. 后视镜运动卡滞　　　　　　　　B. 后视镜片无法调节
   C. 电动后视镜不动　　　　　　　　D. 后视镜开关损坏

2. 每个电动后视镜后面都有几个电机驱动？（　　）
   A. 1 个　　　　B. 2 个　　　　C. 3 个　　　　D. 4 个

3. 汽车电动后视镜不工作，应先检查（　　）。
   A. 电机　　　　B. 后视镜开关　　　C. 熔断器　　　D. 导线断路

4. 电动后视镜的电机一般为（　　）。
   A. 单向直流电机　　　　　　　　B. 双向交流电机
   C. 永磁双向直流电机　　　　　　D. 永磁单向直流电机

5. 电动后视镜有一侧不能前后调整。甲认为，前后调整电机损坏；乙认为，搭铁不良。你认为（　　）。
   A. 甲正确　　　B. 乙正确　　　C. 两人均正确　　　D. 两人均不正确

6. 检查电动后视镜电机时，用蓄电池正负极分别接电机连接器端子后，电机转动。互换正负极和端子的连接后，电机反转，说明（　　）。
   A. 电机状况良好　　　　　　　　B. 不能判断电机好坏
   C. 电机损坏　　　　　　　　　　D. 电机控制线路出现故障

7. 以卡罗拉为例，当按下左侧后视镜开关向上调节按钮时，下列哪两个端

子接通？（　　）

A. 端子 4、端子 7　　　　　　　B. 端子 4、端子 8

C. 端子 5、端子 7　　　　　　　D. 端子 5、端子 8

8. 以卡罗拉为例，将电机连接器端子 3 连接蓄电池正极，端子 4 连接蓄电池负极，电动后视镜会（　　）。

A. 上翻　　　　B. 下翻　　　　C. 左转　　　　D. 右转

二、判断题

1. 配电动后视镜的车辆，只有左侧后视镜可以电动调节。（　　）

2. 卡罗拉轿车的电动后视镜安装在驾驶员门内侧。（　　）

3. 每个电动后视镜的镜片后面都有 4 个电机来实现后视镜的调整。（　　）

4. 电动后视镜不能正常调节，不会影响驾驶员安全行驶。（　　）

5. 驾驶员可以不用打开点火开关，便可调节后视镜。（　　）

6. 检查电动后视镜之前要先断开蓄电池负极。（　　）

7. 电动后视镜开关的常见故障有触点开关故障和机械故障。（　　）

8. 电动后视镜无法调节，可能是由电路故障或机械故障引起的。（　　）

9. 电动后视镜电机工作正常，而后视镜仍不能动作，应检查连接后视镜的搭铁情况。（　　）

10. 左侧电动后视镜电机故障可能导致所有电动后视镜都不能调节。（　　）

8.5　行业典范

小米汽车的成功之路

截至 2022 年初，小米尚未推出汽车产品。随着 SU7 的发布，小米已经宣布他们不会自己建立汽车工厂，而是计划通过盘活其现有的供应链和生态链来深入研发智能汽车。这种战略决策显示了小米对其供应链和生态链的信心，并且意味着他们将利用现有的资源和合作伙伴关系来进入汽车行业。

在这种策略下，小米可以利用其现有的供应链资源，包括与各种零部件制造商和技术供应商的合作关系，通过与这些合作伙伴共同开发汽车技术和零部件，更有效地利用现有的生产能力和专业知识，加速智能汽车的研发和生产。

同时，小米也可以依托其生态链公司的资源和经验，尤其是在智能家居和物联网技术方面。通过整合智能家居和智能汽车技术，小米可以为消费者提供更完善的智能生活解决方案，增强其在智能家居和汽车领域的市场竞争力。

这种战略还可以帮助小米降低进入汽车行业的风险和成本。相对于自己建立汽车工厂，通过与现有的汽车制造商或合作伙伴合作，小米可以更快速地进入市场，并且可以更专注于汽车技术和创新，而不是生产和制造方面的挑战。

　　综上所述，通过盘活其供应链和生态链资源，小米在智能汽车领域取得了成功，并为消费者带来更具创新性和竞争力的智能汽车产品。

任务九
汽车喇叭系统故障诊断与排除

任务导读

汽车喇叭系统是汽车的重要组成部分，它负责在行驶过程中提醒其他车辆和行人注意车辆的存在。因此，确保汽车喇叭系统的正常工作，提高驾驶员与行人和其他车辆之间的通信效果，对提高道路安全性，减少交通事故的发生有重要作用，在交通安全领域也具有重要意义。

本任务通过检修汽车喇叭系统，使学生能够掌握喇叭系统的构造与常见故障维修。

任务引入

某日，一位吉利 4S 店的维修接待人员收到新能源汽车车主反映：轿车行驶总里程为 10 万公里，发现该车按下喇叭开关经常会出现喇叭不响的问题。那么，你知道这种情况可能的故障原因是什么吗？如何对喇叭系统进行故障分析与诊断？

知识目标

掌握汽车喇叭系统的作用、组成及控制原理。

技能目标

1. 能够正确进行喇叭系统音量及音质的检查。
2. 能够正确进行喇叭的拆装。
3. 能够正确利用万用表进行喇叭供电线路的检测。
4. 能够正确使用声级计对喇叭声级（分贝）进行检测。
5. 能够正确对喇叭系统不工作故障进行诊断与分析，对相关线束、插接器、端子等故障进行检修。

素质目标

1. 提升安全意识：在进行喇叭系统故障诊断和维修时，严格遵守工作场所的法律法规和安全操作规程，确保操作安全，防止发生事故。

2. 团队合作能力：在故障诊断过程中，与团队成员协同工作，提供必要的帮助，确保诊断任务能够高效、顺利地完成。

3. 分析与解决问题的能力：具备合理分析和解决喇叭系统故障的能力，能够准确定位问题，并提出有效的解决方案。

4. 专业沟通与记录能力：理解和阅读相关工作文件，清晰简洁地书写报告，确保信息传递准确无误，提高专业沟通能力。

9.1 任务工单-检修喇叭系统

9.1.1 团队协作

以 3～5 人为一组，选出组长并进行任务分工，将小组概况及分工情况填入表 9-1 中。

表 9-1 学生分组情况

班级：　　　　　　组号：　　　　　　指导老师：

小组成员	姓名	学号	任务分工
组长			
组员			

9.1.2 搜寻探索

在进行实际操作前，需要掌握喇叭系统的相关知识。请各组组长组织组员收集相关资料，回答下列问题。

- 问题一：请写出喇叭系统的组成及关键零部件在车身上的分布位置。

- 问题二：试画出喇叭系统的电气原理示意图。

- 问题三：喇叭系统常见故障及可疑部位有哪些？

9.1.3 任务筹划

在明确任务内容的情况下，根据实际情况，在表 9-2 中写出车辆信息及所需的工具、设备、资料。

表 9-2 车辆信息及所需的工具、设备、资料

车辆信息	车型	VIN 码	行驶里程
工具、设备、资料			

在进行实际操作前做好现场防护，并将现场防护措施填入表 9-3 中。

表 9-3 现场防护措施

个人防护	
设备安全防护（车辆或台架）	
场地安全防护	

9.1.4 稳步推进

在实训室，对一辆汽车上的喇叭系统进行检查，找出故障点并排除，将整个操作步骤填入表 9-4 中。操作步骤应符合该车辆维修手册的规定。

表 9-4 操作步骤

序号	任务点	工作内容	
1	进行工作准备与安全防护		
2	检查喇叭系统	喇叭开关是否正常？	是□否□
		喇叭系统接地是否正常？	是□否□
		左/右喇叭是否正常？	是□否□
		两个是否正常？	是□否□
		喇叭系统其他部位是否损坏？是□（具体缘由： ）否□	
3	故障诊断与排查	检查喇叭系统熔断器：	
		检查喇叭系统继电器：	
		检查搭铁：	
4	整理现场		

9.1.5 考核评价

各组展示任务完成情况,并配合指导教师完成如表 9-5 所示的考核评价表。

表 9-5 考核评价表

项目名称	评价内容	分值	评价分数		
			自评	互评	师评
职业素养考核项目40%	穿戴规范、整洁	6 分			
	安全意识、责任意识、服从意识强	6 分			
	积极参加教学活动,按时完成任务工单	10 分			
	团队合作、与人沟通能力	6 分			
	遵守劳动纪律	6 分			
	维修场地、设备等整洁	6 分			
专业能力考核项目60%	专业知识查找及时、准确	12 分			
	操作符合规范	18 分			
	操作熟练,工作效率高	12 分			
	任务完成度高	18 分			
合计		100 分			
总评	自评(20%)＝互评(20%)＋师评(60%)＝_____	综合等级	指导老师(签名:_____)		

9.1.6 收获分享

9.2 博观约取

9.2.1 认识喇叭系统

喇叭被定义为汽车上的警报装置，播放音乐用的喇叭定义为扬声器。喇叭系统的功能是在人耳敏感的 1～4kHz 区域内产生一个高分贝声波，以起到警示作用。

汽车喇叭系统组成结构较简单，由喇叭开关、喇叭继电器、喇叭三部分组成。大部分的乘用车由高低音两个喇叭组成，喇叭开关位于转向盘上方，喇叭基本安装在机舱前部，如图 9-1 所示。

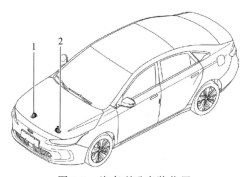

图 9-1　汽车喇叭安装位置
1—高音喇叭总成；2—低音喇叭总成

9.2.2 喇叭系统工作原理

喇叭的控制方式为控制供电端，即喇叭开关控制喇叭继电器的吸合，然后由继电器向喇叭供给电源。喇叭是常接地的。喇叭系统控制原理如图 9-2 所示。

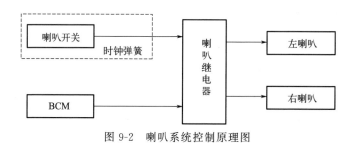

图 9-2　喇叭系统控制原理图

9.2.3 喇叭系统故障诊断

在对喇叭系统的故障进行诊断前，须参见描述与操作及系统工作原理，了解和熟悉喇叭系统的工作原理，然后再开始系统诊断，这样在出现故障时有助于确定正确的故障诊断步骤，更重要的是这样有助于确定客户描述的状况是否属于正常操作。对喇叭系统的任何故障诊断都应该以常规检查为起点，指导维修员采取下一个逻辑步骤，进行故障诊断。理解并正确使用诊断流程可缩短诊断时间，并避免对故障部位的误判。

（1）常规检查

① 检查可能影响喇叭的售后加装装置，确保这些装置不会影响喇叭。

② 检查易于接触或能够看到的系统部件，以确保该部件没有明显损坏或可能导致故障的情况。

③ 检查线束、线束连接器，以确保线束、线束连接器没有松脱、破损、接触不良、老化等迹象。

（2）喇叭拆装

高音喇叭的拆装步骤如下：

① 打开并支撑前机舱盖。

② 断开蓄电池负极电缆。

③ 拆卸前保险杠上部装饰板 10 个固定卡扣和 2 个固定螺栓，如图 9-3 所示。

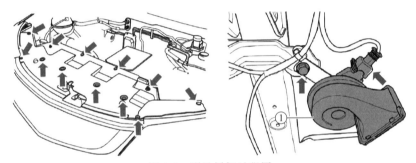

图 9-3　喇叭拆卸过程图

④ 拆卸高音喇叭。断开喇叭线束连接器，拆卸喇叭的 1 个固定螺栓，取下喇叭①。

高音喇叭的安装可按照拆卸的相反步骤进行。

提示

低音喇叭拆卸方法类似。

（3）喇叭供电线路检测

吉利帝豪 EV450 喇叭供电线路检测：操作启动开关至 OFF 状态。断开左/右喇叭线束连接器 CA33/CA34（图 9-4）。按下喇叭开关，同时用万用表测量左/右喇叭线束连接器 CA33/CA34 端子 1 与端子 2 之间的电压，正常电压值在 11~14V。松开喇叭开关，同时用万用表测量左/右喇叭线束连接器 CA33/CA34 端子 1 与端子 2 之间的电压，正常电压为 0V。

端子号	端子定义
1	电源信号
2	接地

图 9-4　左/右喇叭线束连接器及端子

(4) 喇叭声级 (分贝) 检测

为了使汽车喇叭起到警示作用，喇叭声级不能过低，但同时为减少喇叭噪声对城市环境的影响，喇叭声级应做适当控制，根据《机动车用喇叭的性能要求及试验方法》(GB 15742—2019) 中规定，喇叭声级应在 105～118dB(A) 的范围内。使用声级计 (图 9-5) 检测喇叭分贝，检测步骤如下：

① 打开声级计电源开关，仪器开始工作时显示数字。

图 9-5　声级计

② 将声级计的计权网络开关置于"A"加权位置、"快"挡。

③ 调整好声级计的量程。

④ 将声级计话筒放到距被检汽车正前方 2m、离地面高 1.2m 的位置上。

⑤ 一人按下喇叭，另一人读取声级计显示屏指示值，检查喇叭声级是否在正常范围内。

⑥ 将声级计电源开关置于"关"。

汽车喇叭系统常见故障原因及可疑部位见表 9-6。

表 9-6　汽车喇叭系统常见故障原因及可疑部位

常见故障	可疑部位
左右两个喇叭均不工作	保险丝熔断、搭铁不良、喇叭开关损坏等
一侧喇叭不工作	保险丝熔断、搭铁不良、喇叭开关损坏等

喇叭系统工作电路图如图 9-6 所示。喇叭系统不工作故障诊断步骤如图 9-7 所示。

项目三 新能源汽车便捷性系统故障诊断

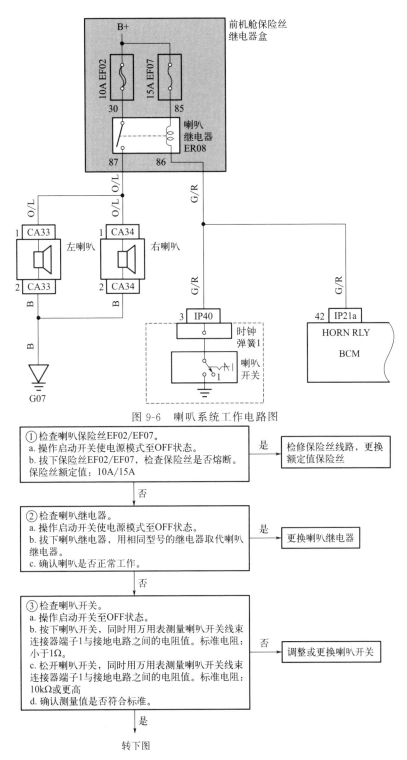

图 9-6 喇叭系统工作电路图

① 检查喇叭保险丝EF02/EF07。
a. 操作启动开关使电源模式至OFF状态。
b. 拔下保险丝EF02/EF07,检查保险丝是否熔断。
保险丝额定值：10A/15A

是 → 检修保险丝线路,更换额定值保险丝

否 ↓

② 检查喇叭继电器。
a. 操作启动开关使电源模式至OFF状态。
b. 拔下喇叭继电器,用相同型号的继电器取代喇叭继电器。
c. 确认喇叭是否正常工作。

是 → 更换喇叭继电器

否 ↓

③ 检查喇叭开关。
a. 操作启动开关至OFF状态。
b. 按下喇叭开关,同时用万用表测量喇叭开关线束连接器端子1与接地电路之间的电阻值。标准电阻：小于1Ω。
c. 松开喇叭开关,同时用万用表测量喇叭开关线束连接器端子1与接地电路之间的电阻值。标准电阻：10kΩ或更高。
d. 确认测量值是否符合标准。

否 → 调整或更换喇叭开关

是 ↓

转下图

图 9-7

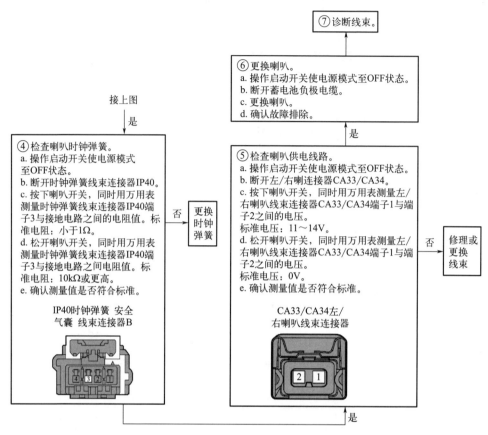

图 9-7 喇叭系统不工作故障诊断步骤

9.3 实践出真知-检修汽车喇叭系统

9.3.1 情景描述

客户小李开着一辆新能源汽车几何 A Pro 到 4S 店，据他描述，他的新能源汽车使用了 5 年，车辆出现喇叭不响的现象。作为一名新能源汽车维修人员，如何对新能源汽车喇叭系统进行故障分析与诊断？

9.3.2 准备工作

① 工具准备。绝缘垫、绝缘鞋、绝缘手套、安全帽、护目镜等安全防护用品，拆装专用工具，电工胶布。

② 实训车辆。吉利几何 A-PRO。

③ 辅助资料。维修手册、电路图、教材。

9.3.3 任务实施

(1) 验证故障现象

按下智能钥匙开锁键，打开车门，将智能钥匙放在中央扶手储物盒，按下启动开关（图 9-8），组合仪表点亮，低压用电设备正常上电工作，但是按下喇叭按钮（图 9-9），无喇叭声音。

图 9-8 电源启动按钮置于"ON"状态

图 9-9 按下喇叭开关

(2) 推测可能原因

故障症状为几何 A Pro 车辆可以上低压电，按下喇叭开关无声音，根据该车型喇叭系统电路图（图 9-10），推测可能原因：ER08、EF28 断路；喇叭本身机械故障；喇叭系统供电故障，接地故障；喇叭系统线路断路。

(3) 确认故障原因

通过对喇叭系统相关电路分析，打开室外熔断器盒，找到 ER08、EF28 进行检测（图 9-11），经检测，保险丝、继电器均完好。检查喇叭相关线束及接插件，判断故障原因为喇叭相关线束接插件松动。

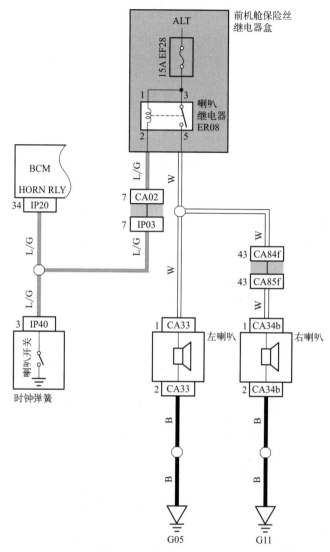

图 9-10 喇叭系统电路图

图 9-11 检测保险丝与继电器

（4）标准作业维修

按照维修手册标准作业流程，断开电源，更换新连接线束，并固定喇叭相关线束。

（5）确认故障排除

正确连接低压电源，按下启动开关，按下喇叭，喇叭系统声音清亮，故障清除。

（6）按照 7S 要求整理施工现场

9.4　游刃有余

1. 以下哪个选项是喇叭系统的组成？（　　）
   A. 喇叭开关　　　B. 喇叭继电器　　　C. 喇叭
2. 喇叭控制电路主要元器件有哪些？（　　）
   A. 喇叭开关　　　B. BCM　　　C. 继电器
3. 左右两个喇叭均不工作的可能原因有哪些？（　　）
   A. 保险丝熔断　　　　　　　　B. 搭铁不良
   C. 喇叭开关损坏　　　　　　　D. 系统线束松动
4. 一侧喇叭不工作的可能原因有哪些？（　　）
   A. 保险丝熔断　　　　　　　　B. 搭铁不良
   C. 喇叭开关损坏　　　　　　　D. 系统线束松动

9.5　行业典范

> **福耀玻璃：汽车行业的明眸**
>
> 　　福耀玻璃，作为全球汽车玻璃行业的领导者之一，以其卓越的产品质量和技术创新，成为全球汽车制造商的重要合作伙伴。它不仅为汽车提供了安全和视野保障，更在汽车行业的发展过程中扮演了重要的角色。此处将从福耀玻璃的历史背景、技术创新、全球布局以及未来展望四个方面，探讨其在汽车行业中的重要地位。
>
> **一、福耀玻璃的历史背景**
>
> 　　福耀玻璃的创始人曹德旺，出生于中国福建省的一个贫困家庭。1983年，他创办了福耀玻璃，这个当时还是一个小作坊的企业，经过几十年的发展，如今已成为全球最大的汽车玻璃供应商之一。曹德旺凭借着坚韧不拔的

精神和敏锐的商业眼光，将福耀玻璃从一家地方性企业，发展成为享誉全球的品牌。

二、技术创新的驱动力

福耀玻璃能够在激烈的市场竞争中脱颖而出，技术创新是其核心驱动力。福耀玻璃始终坚持在技术研发上进行高投入，致力于提升产品质量和功能。通过引进国际先进设备和技术，福耀玻璃在汽车玻璃的安全性、舒适性和智能化方面不断取得突破。

例如，福耀玻璃在汽车玻璃的生产过程中采用了先进的浮法玻璃制造技术，确保玻璃的高透明度和强度。同时，福耀还研发出了多层复合玻璃，具有优异的隔音、防紫外线和防眩光功能。这些技术创新不仅提升了汽车的整体性能，还为驾驶员和乘客提供了更加安全和舒适的驾驶体验。

三、全球布局与市场拓展

福耀玻璃不仅在中国市场独占鳌头，还积极拓展国际市场，逐步在全球范围内建立了完善的生产和销售网络。2001 年，福耀玻璃在美国设立了第一家海外工厂，开启了国际化发展的新篇章。之后，福耀陆续在德国、俄罗斯等地建立生产基地，进一步扩大了国际市场的份额。

福耀玻璃在全球的成功，离不开其对质量的严格把控和对客户需求的高度重视。福耀不仅为众多国际知名汽车厂商提供高质量的玻璃产品，还积极参与客户的产品设计和研发过程，提供全方位的技术支持。凭借着卓越的产品和服务，福耀玻璃赢得了全球客户的信赖与好评。

四、企业社会责任与未来展望

作为一家负责任的企业，福耀玻璃始终重视企业社会责任的履行。在环保方面，福耀通过技术创新，减少生产过程中对环境的影响，致力于实现可持续发展。在员工福利方面，福耀为员工提供良好的工作环境和福利待遇，注重员工的职业发展和培训。同时，福耀还积极参与各类公益慈善活动，回馈社会。

综上所述，福耀玻璃的发展历程，是中国企业不断追求卓越、勇攀高峰的生动写照。在全球化背景下，福耀玻璃凭借其卓越的技术和质量，必将在国际市场上发挥更大的影响力，书写更加辉煌的篇章。通过持续的创新和全球布局，福耀玻璃将继续引领汽车玻璃行业的发展，为全球汽车工业的发展提供坚实的保障和支持。

参 考 文 献

[1] 毛峰. 汽车车身电控技术 [M]. 北京：机械工业出版社，2024.
[2] 任春晖，李颖. 新能源汽车辅助系统检修 [M]. 北京：机械工业出版社，2024.
[3] 岑业泉. 汽车车身电控系统维修 [M]. 北京：机械工业出版社，2023.
[4] 赵宇，刘凤珠. 新能源汽车电控技术 [M]. 北京：机械工业出版社，2024.
[5] 包丕利. 纯电动汽车辅助系统检测与修复 [M]. 北京：机械工业出版社，2018.
[6] Feter Hofinam. 混合动力汽车技术 [M]. 耿毅，耿彤，译. 北京：机械工业出版社，2017.
[7] 崔胜民. 新能源汽车概论 [M]. 北京：北京大学出版社，2015.
[8] 肖贝，陈健. 电动汽车结构与原理 [M]. 杭州：浙江大学出版社，2015.